飛鳥新社

はじめに

みなさん、はじめまして。著者の林陵平です。本書を手に取っていただいて、ありがとうございます。

僕はヴェルディ・アカデミーから明治大学を経て、２００９年にJリーガーに。そこから12年間で延べ７クラブを渡り歩き、Ｊリーグ通算で３００試合、67得点を記録。２０１１年のクラブワールドカップでは、チームをベスト４に導くＰＫも決めました。そして、２０２０年12月に現役を引退しました。

この書籍のお話をいただいたのは、２０２０年の夏頃でした。そこから分析や調査、執筆に入っていったので、つまりこの本を制作したのは現役中。自叙伝やストーリー集などを出す選手はいますが、海外サッカーのガイド本を現役中に作ったJリーガーは僕が史上初だと思います。なにを隠そう、僕は「Ｊリーグ随一の欧州サッカーマニア」を自負しているので、すごく光栄です。

この本では、僕が大好きなヨーロッパで活躍するトッププレベルの選手と監督を、「スゴイ」と「ヤバイ」の側面から紹介しています。

「スゴイ」では僕のプロ選手としての経験や視点を元にした、他では読めない独自のプレー解説をしています。

「ヤバイ」ではプライベートを含めたトリビアを主に綴っています。

だから、部活生や草サッカーに励んでいる人にはプレーや戦術面で役に立つのはもちろん、観戦が趣味の方にも楽しんでいただける内容になっています。海外サッカーの視聴が、以前より何倍も楽しくなること間違いなしです！


かくいう僕も、選手のピッチ内外の細かい話を知れば知るほどに、海外サッカーの虜になっていった一人でした。ハマったのはちょうど中高生の頃で、その2000年代前半はレアル・マドリーが「銀河系軍団」と呼ばれた黄金時代。ロナウド、ジネディーヌ・ジダン、ルイス・フィーゴ、ロベルト・カルロス、デイビッド・ベッカムと世界的なスタープレーヤーばかりで、このチームを観るのがすごく楽しかったんですよね。

それからは『ワールドサッカーダイジェスト』など海外サッカー専門誌も読み漁るようになって、段々とマニアックな方向に。ヴェルディ・ユースの練習に通うバスの中では、仲間と「海外選手の名前しりとり」という謎の遊びもしていました（笑）。

Jリーガーになってからも海外サッカーはずっと追いかけていて、最近も時間の許す限り試合をずっと観ていますし、ハイライトも『DAZN』で配信されているものは全部視聴。ほとんど、ではなく「全部」です。

オフにはヨーロッパまで足を運んで生観戦を何度もしていますし、雑誌はもちろんインターネットのニュースなどもよく読みます。ずっと公言していますが、一番の愛読書は、欧州サッカーの選手名鑑です！

だから、自然と海外サッカーに詳しくなっていって、やがて試合中にゴール後のセレブレーション（パフォーマンス）を真似するようになったんです。でも、誰もが知っているクリスチアーノ・ロナウドのモノマネをしても、普通すぎるなと。それで、フランチェスコ・カプートをはじめ、シリル・テレオー、サンティ・ミナ、ジャン＝ケビン・オギュスタンなど、マニアックな選手のセレブレーションをモチーフにするようになったんです。

試合後にツイッターに「今日はカプートの真似をしました！」って書いても、チームメイトやサポーターの皆さんに「誰だよそれ⁉」とよく突っ込まれたものです（笑）。でも、それでチームメイトやJリーグ・ファンの方々にも、「カプートってどんな選手なんだろう？」と少しでも海外サッカーに興味をもらえたら嬉しいなと思って、ずっとそのマニアック路線は続けていたんです。ちなみに、ロシア・ワールドカップで大ブレイクするずっと前に、フランスの怪物、キリアン・エムバペのセレブレーションは実演済みです。

そして、その結果として『DAZN』で試合解説にご指名いただいたり、『ワールドサッカーダイジェスト』や『フットボリスタWEB』で連載を持たせていただいたりするように。いつの間にか、「Jリーグ随一の欧州サッカーマニア」と呼ばれるようになりました。そんな愛称をいただいたのはすごく誇りですし、素直に嬉しいですね。

この本では選手と監督の計62人が収録されていますが、最初に出てくるのはズラタン・イブラヒモビッチ（現ミラン）。彼がパリSGにいた頃に現地のトレーニングセンターまで行って、サポーターと一緒に氷点下の中で4時間も〝出待ち〟したほど、僕が「神」として崇めるプレーヤーです。だから、編集者の方にお願いして、1番に入れてもらいました。

さあ、素晴らしき海外サッカーの世界にようこそ。読み終える頃にはきっとあなたも、立派な「海外サッカーマニア」になっているはずです！

林陵平

CONTENTS

Jリーガーが海外サッカーのヤバイ話を教えます　目次

PART 2
プレミアリーグ

PART 3 ラ・リーガ

PART 4
セリエA

PART 5 ブンデスリーガ&リーグ・アン

PART 6 レジェンド

本書に掲載した情報は 2020 年 12 月 17 日時点のものです。
年齢のみ 2021 年 1 月 15 日時点のものです。
また、1 ユーロは 125 円、1 ポンドは 140 円で計算しています。
略称は以下のとおりです。GK ＝ゴールキーパー、
CB ＝センターバック、SB ＝サイドバック、WB ＝ウイングバック、
MF ＝ミッドフィルダー、CF ＝センターフォワード
FK ＝フリーキック

PART 1

BIG5

リオネル・メッシ

ズラタン・イブラヒモビッチ

クリスチアーノ・ロナウド

ネイマール

キリアン・エムバペ

世界中からトッププレーヤーが集まる欧州各国リーグのなかでも、
抜きんでた実力と実績、存在感で輝く5人がいます。
彼らはプレーだけでなく、発言や行動も常に注目され、社会への影響力は
一国の大臣や首相以上とも。そんなビッグな5人の凄さを徹底解説します!

ズラタン・イブラヒモビッチ

Zlatan IBRAHIMOVIC

生年月日	1981年10月3日（39歳）	所属クラブ	ミラン（イタリア）
身長・体重	195cm／95kg	代表・出身	元スウェーデン代表
ポジション	CF	推定年俸	700万ユーロ

なにがスゴイ？

テコンドー経験が活きたアクロバティックプレー

自他ともに認める世界最高クラスのストライカー。**いや、個人的には史上最高のストライカーだと思っています。**195センチ・95キロという巨漢とは思えない繊細な技術、パワー、視野の広さ、そして決定力と、CFに必要な能力をすべて兼ね備えていますね。

最大の魅力は、「**超アクロバティック**」なプレー。ボレーキックやヒールキック、オーバーヘッドキックはもちろん、なんと回し蹴りまで駆使し、前代未聞のスー

パーゴールを何度となく決めています。

そのバックボーンとなっているのが、**幼少期に習っていたテコンドー**。黒帯の腕前だったそうですね。ただでさえ身体が大きいのに、その格闘技経験のおかげで足が誰よりも高く上がります。だから、**普通の選手ならヘディングするような高さのボールも、足で叩けてしまうんです**。圧巻ですね。

なにがスゴイ?

老いることなく「偽の9番」に進化!

20代後半になって以降は、いわゆる「**偽の9番**」へと徐々に変わっていきました。最前線を起点にしながら中盤まで下がり、ビルドアップ、崩し、フィニッシュと攻撃の全局面に効果的に絡むんです。これはリオネル・メッシやフランチェスコ・トッティのように**セカンドトップ**系の選手に多い動き方なんですが、ズラタンのような本格派CFがこのタスクを担うのは稀。**おそらく前代未聞でしょう**。40歳目前の現在もトップレベルで戦えているのは、このプレースタイルの進化も大きいと思います。

もう39歳になりましたが、個人的にはあと5年はプレーが見たいですね。「俺はまるでベンジャミン・バトン（80歳で生まれた人間が若返っていく物語の主人公）さ。いつも若

セカンドトップ

主に２トップシステムの時に、少し下がり目にポジションを取るFWのこと。

偽の９番

９番（ＣＦ）ながらトップ下や司令塔のように振る舞うので、「偽の」という言われ方をされる。「ゼロトップ・システム」という呼称も。

く、老いることがないんだ」ってズラタン様の言葉を、僕は信じています（笑）。

とにかくカッコいい！「ズラタンの言う事は絶対」

ズラタンはプレーのみならず、発言もとにかくカッコいい！ **いわゆる「ズラタン節」です**。その一部を紹介しましょう。

「クリスチアーノ・ロナウド？ リスペクトしているよ。でも、俺のライバルじゃないな」

「俺のいないワールドカップなんて見る価値がない」

「2位以下は最下位と一緒だ。俺がいれば**優勝**できる」

「俺はフェラーリだ（他の選手は一般車）」

「バルサの選手はみんな静かで優しい。お行儀の良い小学生の集まりのようだった」

「トレーニングでも試合でも200％の力を出し切るべきだ。そうじゃなきゃ勝利なんて掴めない」

どうでしょうか？ 一見すると傲慢な大口叩きにも見えますが、これが違うんです。ズラタンは決して自分を偽らないだけで、しかも妙に説得力があるんですよね。だから、現代のサッカー界には、「**ズラタンの言うことは絶対**」という謎の不文律があります（笑）。

優勝

アヤックス→ユベントス→インテル→バルセロナ→ミラン→パリSGと、ほとんどの所属先でリーグ優勝を果たしてきた。

「彼に殺される…」仲間にも容赦なく怒り狂う！

ズラタンはかなり「**熱いパッション**」の持ち主です。とにかく負けることが大嫌いで、敵と揉めることは日常茶飯事、**仲間にも容赦なく激しい檄を飛ばします**。最近もミランのチームメイトであるイスマエル・ベナセルが、こんなことを言っていました。

「ズラタンと一緒に戦うには、常に全力を尽くさなければいけない。完璧を求めるからね。そうじゃないと、彼は怒り狂う。**殺されてしまうんじゃないかって勢いでね（笑）**。でも、僕はそれで正しいと思う。本当のハイレベルっていうのはそういうものさ」

10年ほど前には、トレーニング中に激しいタックルを浴びせてきたオグチ・オニェウ（元アメリカ代

ブツッ

やんのか、おい!?

もうやってる…

チームメイト

表DF）と大喧嘩に。**なんと頭突きを食らわせたそうです。**

そんな敵なしの「武闘派」ズラタンが、唯一、頭が上がらないと言われているのが、妻のヘレナ・セーガーさん。11歳年上の元キャリアウーマンです。写真を見ると分かるんですが、たしかになかなか怖そうな奥様……。ズラタンがほぼ唯一、逆らえない方だそうです。

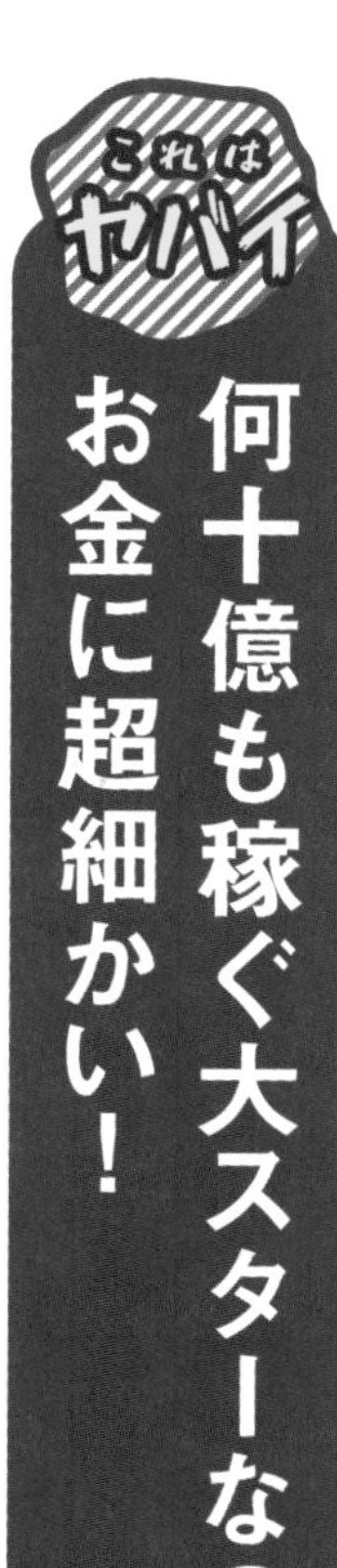

何十億も稼ぐ大スターなのにお金に超細かい！

ズラタンは「お金に細かい選手」としても知られています。年間で何十億円も稼ぐので、お金にはノータッチというトッププレーヤーも多いですが、**彼は自分にかかわるお金**のすべてを把握しているそうです。

スラム街出身でこそ泥をするほど貧しい生活を送っていた少年時代の影響もあるんでしょうが、決定的だったのが2001年の事件。スウェーデンのマルメFFからオランダのアヤックスに移籍した時でした。その交渉を信頼するあるクラブスタッフに任せたところ、マルメが莫大な移籍金を手にする一方で、**アヤックスでの自分の給料がチーム最低だった**というのです。当時については、こう振り返っています。

「世の中の仕組みってやつが、だんだんと分かってきたよ。代理人ってのは泥棒じゃねえ。代理人の助けがないと、ジャケットにネクタイをしめたヤツにごまかされるんだ」

そして、ズラタンはアヤックス時代に**ミーノ・ライオラ**という敏腕代理人とエージェント契約を結びます。ライオラはそれこそお金にうるさく、手練手管を駆使する交渉にも賛否両論ありますが、ズラタンは絶大な信頼を寄せています。

新型コロナを物ともせず！復帰戦から大暴れ！

２０２０年9月下旬にズラタンは、新型コロナウイルスに感染。世界中のファンと同じく僕も心配しましたが、本人が最高のツイートで安心させてくれました。

「昨日の検査では陰性だったが、今日は陽性になった。症状はない。**コロナは勇敢にも俺に挑んできた。悪いアイデアだな**」

まさにズラタン節！　痺れましたね本当に。でも、さらに僕らを痺れさせてくれたのが、回復後の復帰戦でした。10月17日のインテル戦でいきなりの2ゴール！　伝統のミラノ・ダービーでミランを勝利に導いたんです。試合後にはこう語りました。

「コロナは獣（自分）を封じ込めるという過ちを犯した。だから俺は飢えていたよ。身体を動かしたくて震えてきた。我慢したよ。そして俺は、チームを助けるため戻ったんだ」

コロナ明けの39歳とは思えないパフォーマンスとコメント。最高です！

ズラタンに関しては一冊丸々でも語れますが、今回はこのくらいにしておきます（笑）。

ミーノ・ライオラ

「俺を最強にしたのは、あのチブデブだ」というズラタンのコメントには、信頼と愛情が滲み出ています。

サッカー選手のお金

基本給に加えて、チームが勝つともらえる勝利給などのボーナスや、スポンサーからもらえる広告収入などがある。

リオネル・メッシ

Lionel MESSI

生年月日	1987年6月24日（33歳）	所属クラブ	バルセロナ（スペイン）
身長・体重	170㎝／72kg	代表・出身	アルゼンチン代表
ポジション	セカンドトップ、ウイング、CF	推定年俸	7075万ユーロ

なにがスゴイ？

1000ゴール以上に関与！

言わずと知れた、サッカー界における「生ける伝説」ですね。

ドリブル、パス、シュート、そして戦術眼とアタッカーに必要な能力がすべて**世界最高レベル**。一瞬で２、３人を抜き去り、いとも簡単にゴールネットを揺らします。２０２０年10月には、プロキャリア通算１０００ゴール関与（７０５ゴール・２９５アシスト）を達成。サッカー史上初のレコードです。

メッシのプレーを見ていると、「足に磁石が付いていているみたい」、「なんであんなに簡単にドリブルで敵が抜けるのか」などと思う方も多いかと思います。人並外れたスピードやクイックネスはもちろんですが、その最大の秘密は**ステップの細かさ**、そして**ボールタッチの繊細さ**です。常に細かく足を動かし、常に足先でボールに触るというのは、簡単なようで難しいことなんですが、**メッシはそれがパーフェクトにできる**。だからいつも自分の間合いで勝負ができるし、相手も左足で仕掛けてくると分かっていても止められないんです。**守備側からしたら、途中で「ボールが消えた！」と感じているはずです**。

この能力はトレーニングである程度は鍛えられますが、それ以上に持って生まれた足先の**センシビリティー**（感度）が重要。その意味では、文字通りの「**天才**」と言えますね。

なにが
スゴイ？

サボってるわけじゃない！

メッシは試合中、よくテクテクと歩いていることがあります。「優雅にお散歩している」、「サボっている」なんて揶揄されることもありますが、あれは彼なりの狙いがあるんですよね。

歩きながら試合の流れを読んだり、スペースを見極めたり、仲間や敵のポジショニングを確認したりと、いわば「**メッシ・リサーチ**」をしているんです。恩師のジョゼップ・グアルディオラ（現マンチェスター・シティ監督）はこう証言しています。「メッシはラ・リーガで最も走行距離の少ない選手だ。でも彼は歩きながら、その時々の状況を**レントゲン写真で撮影しているのさ**。だからボールを受けた時には、時間とスペースの完璧なイメージが頭の中にある。つまりゴールへの道筋が見えているんだ」

もちろんバルセロナでもアルゼンチン代表でも守備を事実上免除されているわけですが、**決してサボっているわけではないんです（笑）**。今後は「お散歩中のメッシ」にも是非とも注目してみてください！

ストライカーから司令塔へ進化！

プロデビューから長いことメッシは、ドリブルとシュートが持ち味のストライカーでした。２０１１－２０１２シーズンには公式戦通算で73ゴールという途方もないスタッツを記録。以降も年間40～50ゴールを挙げています。

しかしここ数年は、チーム事情もあってより**「司令塔」的なプレーが増加**しています。実際、２０１９－２０２０シーズンは31ゴール・27アシスト。ゴール数が減った一方で、アシスト数がキャリアハイを記録したんです。つまり、「自分でゴールを決める選手」から**「味方のゴールも演出する選手」**に進化しているんですよね。

そんなメッシですが、２０２０年夏の退団騒動は残留決着したものの、契約満了を迎える２０２１年夏にはマンチェスター・シティかパリＳＧに移籍するかもしれません。「バルサのメッシ」は見納めになるかもしれないので、必見ですね。

これはヤバイ

バルサとの最初の契約書はまさかの紙ナプキン！

７歳からアルゼンチンのニューウェルス・オールドボーイズに所属したメッシは、13歳でスペインのバルセロナに渡っています。

入団テストでは超絶的なプレーを見せ、バルサ幹部だったカルレス・レシャックは一目惚れ。すぐにチームに迎え入れようとしましたが、クラブの上層部は契約にあまり乗り気ではなかったそうです。

そのため、約3か月に渡って宙ぶらりんな状態に。これに業を煮やした父親と代理人は、「**このままだったらレアル・マドリーなど他のクラブに行く**」と息巻きます。しかし、レシャックは「絶対にクラブを説得する」と約束。その場がレストランだったため、**なんと紙ナプキンを契約書の代わりにして、サインさせたそうです**。

メッシがマドリーに入団していたかもしれない、そしてバルサとの最初の契約書が紙ナプキンとは、ちょっと信じられない話ですよね。

その後、レシャックは本当にクラブを説得し、バルサは**成長ホルモン剤**の全額負担のみならず、父親にも仕事を斡旋。メッシはバルサ入団を果たしました。

この**レシャック**はバルサで選手や監督として実績を残した方ですが、何よりも「メッシをバルサに引き入れた偉人」として今やクラブのスーパーレジェンドの１人です。

レシャック

ちなみに、1998年には横浜フリューゲルスの監督も務めています。

成長ホルモン剤

幼少期のメッシは、成長ホルモンが正常に分泌されない難病を患い、毎月高額の治療費を必要としていた。

これはヤバイ

真面目でシャイなのに大のタトゥー好き！

メッシはプロデビュー当初からシャイな性格で、プライベートなども地味目。どちらかと言えば大人しい優等生タイプとして知られています。

ただ、**実はなかなかのタトゥーマニアなんです**。最初に入れたのは２０１０年3月。バルサでチームメイトだったダニエウ・アウベス（現サンパウロ）の紹介で出会ったタトゥー・アーティストに、左肩に母親のセリアさんの顔を彫ってもらいました。

その後は、長男チアゴくんの手形や名前をはじめ、ハート、羽、サッカーボール、目、剣、10（背番号）、イエス・キリスト、花、そして盾などどんどん増えていきます。「**あの真面目そうなメッシがどうしちゃったんだ……**」と心配したファンもいたんじゃないでしょうか（笑）。

本人もさすがにちょっと入れすぎたと思ったのか、2017年には左足を黒塗りにします。担当した彫師は、「前に入れたタトゥーはそれぞれに意味があったが、左足に詰め込みすぎて**ゴチャゴチャになっていると感じたみたいだね**。だから**真っ黒**にしてくれと言われました」と説明しています。

これはヤバイ

幼なじみの奥様はサッカーに興味ナシ！

メッシと奥様のアントネラ・ロクソさんは、アルゼンチン時代からの幼なじみです。アントネラさんの従兄(いとこ)とニューウェルスのジュニアチームで同僚だったとのこと。一目惚れしたのはメッシで、「いつか僕たちは付き合うよ」と日記に綴っていたそうです。

メッシは13歳でスペインに渡るので、一時期はアントネラさんと離れ離れに。しかし帰省中のメッシが、友人の事故死で沈んでいた彼女を励まし、遠距離恋愛がスタート。そのまま交際は順調に進み、やがて〝**事実婚**〟の状態になります。

アントネラさんは3人の息子たちとスタジアムでよく試合観戦していますが、**実はそこまでサッカーに興味がないとのこと**。メッシは奥様についてこう語っています。

「サッカーにはちょっとウンザリしているようだね。家に帰って『ハットトリックを決めたんだ』って話しても、彼女はすごくそっけないんだ（笑）」

そんな奥様だからこそ、オン・オフがうまく切り替えられるのかもしれないですね。

メッシの事実婚

12年11月に長男チアゴ君、15年9月に次男マテオ君が誕生。17年6月には2人の故郷ロサリオの高級ホテルで結婚式を挙げました。その9か月後には三男チロ君も誕生しています。

真っ黒

現在はその黒塗りの上に、チアゴ君の名前や手形、10、サッカーボールなどを入れています。

クリスチアーノ・ロナウド

CRISTIANO RONALDO

生年月日	1985年2月5日（35歳）	所属クラブ	ユベントス（イタリア）
身長・体重	185㎝／80kg	代表・出身	ポルトガル代表
ポジション	CF、ウイング	推定年俸	3100万ユーロ

なにがスゴイ？

バリバリのドリブラーから完全無欠のストライカーに進化

個人的に初めてテレビで観たのは、２００３年の**トゥーロン国際大会**でした。ロナウドはまだ無名でしたが、ポルトガルのエースとして日本の選手をとにかく抜きまくっていて、「**化け物じゃん！**」と思った記憶があります。

その数か月後にはスポルティングからマンチェスター・ユナイテッドに移籍するわけですが、当時は**バリバリのドリブラー**。右サイドでボールを受けて、シザースなどを駆使して敵を抜き去り、クロスを上げるという典型的なウイングだったんです。ここ10年のロナウドだけ見ると信じられないと思いますが、これは本当です。

ただ、徐々にストライカー色を強めていって、２００９年のレアル・マドリー加入以降は完全な点取り屋に。右足、左足、ヘディングとどこからでも得点が奪える「**完全無欠のゴールマシーン**」になりましたね。２０１８年に移籍したユベントスでもネットを揺らし

トゥーロン国際大会

U-23世代の国際トーナメント。フランス南東部の都市トゥーロンで決勝が行われ、未来のスターを発掘する若手の登竜門とされる。

続けて、いまや**神々しさすら感じるあの「CR7ゴール・セレブレーション」**を決めまくっています。

トップ・オブ・トップのレベルで、ここまでプレースタイルを大きく変えて成功を収めた選手は、**少なくとも過去30年では記憶にありません**。その意味でも、まさに不世出のプレーヤーですね。ここ10年ほど、「ナンバーワンはメッシかロナウドか」って議論がずっとありますが、僕は2人ともナンバーワンだと思っています！

なにがスゴイ？

泣き虫からメンタル最強へ

ロナウドは「メンタル」も規格外。若い頃は調子の波が大きいうえ、大事な試合に負けたりするとよく泣きじゃくっていて、精神面が弱みなんて言われたりしましたが、今やむしろ強みになっていますよね。

まず、彼は「俺がナンバーワンだ」って本気で思っていて、それがプレーの端々に表われています。シュートチャンスでは躊躇なく足を思いっきり振り切り、パスがこなければ仲間を半端なく怒鳴るのも、絶対的な自信があるからなんですよね。

そんなメンタルの強さは、「**モチベーション維持**」にも出ていますよね。クラブレベルでは獲得可能な**全タイ**

後光さしてる…

ピカーーッ！

まぶっ

まぶしい…

トルを取っていますし、**極論を言えばもう引退してもいいわけです**。

にもかかわらず、35歳になった今もモチベーションがまったく落ちていない。「ゴールを決めたい」、「勝ちたい」、「優勝したい」って今も心の底から思っているはずで、これは口で言うほど簡単なことではありません。僕はそんなロナウドを本当にリスペクトしています。

なにがスゴイ？

同僚もドン引き！ ストイックすぎる練習の虫

さきほどメッシは「天才型」というお話をしましたが、ロナウドはいわば「**努力型**」。プロサッカー選手はだいたいがトレーニング好きですが、中でもロナウドは突出した「練習の虫」、「ストイックな男」として知られています。元チームメイトたちはこう語っています。

「ロナウドに家に招かれたら、**ランチが質素なタンパク質でさ……**。しかも、その後に『ジムでトレーニングしようぜ』なんて言ってきた。休日にだぜ？ あいつの家には二度と行きたくないね（笑）」（パトリス・エブラ）

「朝の9時から練習の日に、7時半にトレーニングセンターに行ったらもうロナウドがジムにいてさ。悔しいから翌日に7時に行ったら、もういるんだ。その次の日、さすがに6時45分はいないだろうと思ったら、ま～たいるんだよ。**あいつより先に練習を始めるなんて不可能さ（笑）**」（カルロス・テベス）

「ロナウドが温存されて、25分間しか出場しなかった試合の帰りだった。バスで『軽くトレーニングしないか？ 今日は物足りない』って言ってきた。**俺は『もう23時だぞ？ 帰るさ』って返したよ（笑）**。普通じゃないね。でも、だからこそ彼はずっとトップに君臨できるんだなって思ったよ」（メディ・ベナティア）

破壊力抜群の両足のシュートも、**最高到達点**が3メートルとも言われるジャンプ力も、そして長期離脱とはずっと無縁の強靭な肉体も、すべてが努力の賜物なわけです。いや〜、すごい！

これはヤバイ 大のスーパーカー好き！ 保険代が年1000万以上

ロナウドはサッカー界屈指の「**スポーツカー好き**」です。これまでに『レンジローバー』、『ロールスロイス』、『マセラティ』、『メルセデス・ベンツ』、『ポルシェ』、『フェラーリ』、『ランボルギーニ』など数々の高級車をコレクト。**その車の保険代はなんと年間1000万円以上！**　ちょっと信じられない額ですよね。

２０２０年３月には、「世界に10台しかない『ブガッティ・チェントディィエチ限定モデル』を**12億円で購入**」なんてニュースも流れましたね。これは後にスポークスマンが否定しているので、どうやらフェイクニュースだったようですが、「ロナウドだったらやりかねない」と思ったのは僕だけじゃないと思います（笑）。

ちなみに、ロナウドは車のみならず、プライベートジェットやヨットも保有。う〜ん、羨ましい！

最高到達点

ロナウドは１メートル以上ジャンプした計算になる。日本人の成人男性の平均は60センチメートル程度。

全タイトル

チャンピオンズリーグとレアル・マドリー、ポルトガル代表の歴代得点王でもあります。つまりロナウドは、サッカー選手としてほぼ全てを手に入れています。

生涯年収も規格外！

米誌『フォーブス』によればロナウドは、2020年に**生涯収入が10億ドル（約1100億円）**に到達。サッカー界では史上初、スポーツ界全体でもタイガー・ウッズ（ゴルフ）とフロイド・メイウェザー（ボクシング）に続く3人目の快挙でした。

ロナウドはクラブからもらう給与に加え、『ナイキ』や『クリア』などからのスポンサー収入も高額ですが、実は収入源はそれだけではないんです。

まずひとつは**SNS**です。裸の写真もよくアップするインスタグラムのフォロワー数が、世界トップの2億4540万人（2020年12月時点）という「**地球最強のインフルエンサー**」。そのためタイアップ投稿の価値が極めて高く、**1投稿で1億円近くを稼ぐ**とも言われているんです。

さらに近年では、ビジネスマンとしての手腕も発揮。香水や下着などの『CR7シリーズ』をはじめ、ホテル、

植毛／脱毛クリニック、チョコレート店など様々な事業を展開し、巨額を得ています。

引退後はサッカーに拘束される時間がなくなるので、ＳＮＳと事業で現役時代よりもさらに稼ぐはず。「ロナウドの生涯年収が２０００億円を突破」なんてニュースが、いつの日か流れてくると思います。

これはヤバイ ついに結婚？「彼女遍歴」もハンパない！

ロナウドはこれまでマリア・シャラポワ（テニス選手）、パリス・ヒルトン（タレント）、**イリーナ・シェイク**（モデル）など世界中の有名人と浮名を流してきました。

現在のパートナーは、スペイン人のジョージナ・ロドリゲスさんです。

このジョージナさんは元モデル兼ショップ店員で、もちろん超美人。17年11月には女の子（アラナちゃん）を出産し、ロナウドも自分の子供であることを認めています。

２人はすでに**事実婚**状態ですが、ここ1年くらいは「指輪を送った」、「ウエディングドレスを選定している」、「式の教会を探している」などのニュースが流れており、ついに正式に結婚するのではとも言われています。

サッカー界屈指のモテ男であるロナウドは、ついに結婚するのか。プレーと同様に気になるところですね。

事実婚

ロナウドが特別なわけではなく、欧米ではこのような事実婚がとても多い。

イリーナ・シェイク

バロンドール授賞式にも出席させるなど真剣交際をしていたようですが、2015年に破局。

ネイマール

NEYMAR

生年月日	1992年2月5日（28歳）	所属クラブ	パリSG（フランス）
身長・体重	175㎝／68kg	代表・出身	ブラジル代表
ポジション	ウイング、トップ下	推定年俸	3670万ユーロ

なにがスゴイ？

遊び心が満載の超絶ドリブラー「絶対にボール取れないわ」

現代最高のドリブラーですね。スピード、クイックネス、間合い、そしてテクニックとすべてが図抜けたレベルにあり、数人を瞬く間に抜き去ります。ことドリブル突破に関してネイマールは、ほぼメッシと同等、**見方によっては上回っているかもしれないですね。**

ヒールリフト、**シャペウ**、エラシコ、股抜き、さらには背中トラップなど遊び心が満載の妙技は、「**サッカーは楽しむものであり、魅せるもの**」という真理を思

い出させてくれます。世界トップレベルでその気持ちを貫いているのは**彼だけかもしれない**。効率化が進むモダンフットボールにあって、ネイマールは本当に貴重な存在ですね。

2011年のクラブワールドカップで、当時僕が所属していた柏レイソルとブラジルのサントスが対戦した準決勝は、**今でも鮮明に覚えています**。僕はベンチだったんですが、目の前で観るネイマールはもうメチャクチャに上手くて。**今だから正直に言いますが、「絶対にボール取れないわ」って思っていました（笑）**。

なにがスゴイ？

サッカー史上最高額でパリSGへ！

ネイマールは「サッカー史上最高額の選手」です。2017年8月、バルセロナからパリSGに渡った際の移籍金は、なんと2億2200ユーロ（約278億円）。それ以前の**レコード**の、一気に倍以上の記録を出してしまったのです！

しかも、ボーナス込みの手取り年俸が約46億円、さらに代理人である父親に移籍手数料として約40億円が支払われたとも言われています。まさに「世紀の移籍」でしたね。

現在のネイマールは、スポンサー収入などを含めると年間で約105億円を稼いでおり、フォーブス誌の「世界セレブリティー**長者番付2020**」でも7位にランクインしています。

長者番付2020
サッカー界では4位にはC・ロナウド（約116億円）、5位にはメッシ（約114億円）が入っています。

レコード
ポール・ポグバ（ユベントス→マンチェスター・ユナイテッド）の1億500万ユーロが最高額だった。

シャペウ
ボールをすくい上げて、敵の頭を越して抜いていく技。

ホントは「悪い奴」なんかじゃない！

移籍金を含めてお金に関しては以前からきな臭い噂が多く、さらにタックルを受けた際の**オーバーリアクション**、いわゆるシミュレーション、そしてピッチ内外における悪態やワガママなどで、ネイマールは批判を浴びることも少なくありません。知り合いの記者さんからは、「わざわざ現地まで行ったのに、インタビューに7時間も遅刻してきたよ……」なんて話も聞いたことがあります。

でも、**僕はいわゆる「悪い奴」ではないと思うんですよね**。実は先ほどお話した2011年のクラブワールドカップで、すごく良い印象を持ったんです。

試合後、僕はサントスのロッカールームに1人で突撃。一旦は関係者に「なんだお前は！」って止められたんですが、監督さんが心の広い方で中に入れてもらえたんです。それで一目散にネイマールのところまで行って、「ユニホーム交換して！」ってお願いしたら、**笑顔で「いいよ」って言ってくれたんですよ**。僕のユニホームなんか欲しくなかったはずですが（笑）、それもちゃんともらってくれました。ちなみに僕は、その時にガンソ（サントスの10番だったMF）のパンツもちゃっかりゲットしています。

あの時にもらったユニホームは僕の宝物。笑顔もキラキラしていて、ネイマールは絶対に悪い奴じゃないと、僕は今でも信じています！

オーバーリアクション
南米の選手に多く見られる傾向だが、ネイマールは特に大袈裟と揶揄されている。

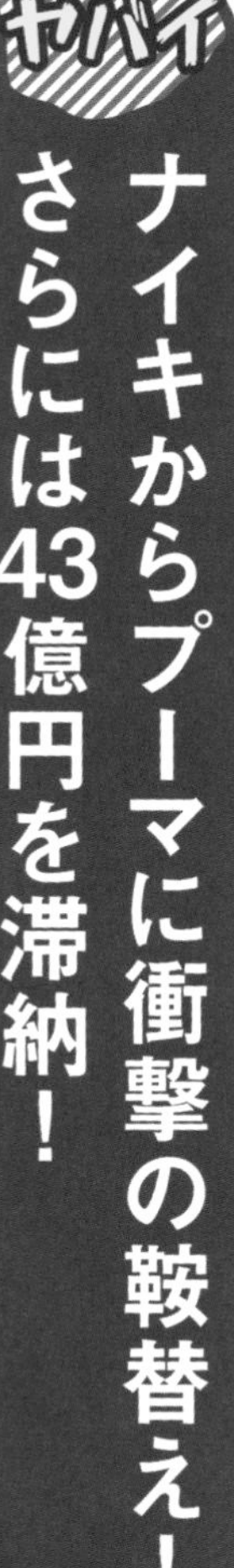

ナイキからプーマに衝撃の鞍替え！さらには43億円を滞納！

２０２０年9月、ネイマールはまたしても「移籍」で世間を驚かせました。といっても、クラブではなく、**サプライヤーブランドの鞍替えです**。

これまでの『ナイキ』から、『プーマ』にサプライヤーを変更。そのスポンサー料は年間で約31億円と言われており、これはメッシ（『アディダス』／約24億円）やC・ロナウド（ナイキ／約21億円）を上回る**世界最高額**です。

この金額以上に驚きだったのが、ネイマールが**ナイキと〝離婚〟**したことです。彼はなんと13歳からナイキと契約しており、サッカーのスパイクはもちろん、プライベートのスニーカーなどもずっと**スウッシュ**（ナイキのロゴマーク）入りを着用。しかもサントス、バルセロナ、パリSG、そしてブラジル代表と、キャリアの中でナイキのユニホームしか着てこなかったほど昵懇の仲でした。ちょっとビックリしましたね。

こうなってくると、「**ネイマールの次の移籍先は、プーマのクラブでは？**」なんて憶測も出てきますよね。今後はプーマがスポンサードするマンチェスター・シティやミランが新天地候補になってくる可能性もありそうです。要注目ですね。

また、２０２０年9月には、お金の危ない話が明るみに出てしまいました。

スペインの税務当局が、２０１９年末時点における「**税金滞納者のブラックリスト**」を公開。同ランキングでネイマールは1位になっていたんです。その額はなんと、３４６０万ユーロ（約43億円）と超巨額！　未納金払いの期限をスルーしたことで、公表されてしまったそうです。この税金滞納は２０１３年から２０１７年にかけてのもの。つまりバルセロナ在籍時代にあたります。

1年間で約１０５億円も稼いでいるんだから、税金はちゃんと払ってほしいですよね……。この点に関しては、さすがにネイマール好きの僕も擁護できません（笑）。

とはいえ、たぶんお金の管理は、すべて父親がやっているはずなんですよね。このネイマール・シニアはかなりの〝**守銭奴**〟として有名で、息子の代理人という立場を利用して、移籍の度に巨額の手数料を袖の下で受け取っているとも言われています。それに

よってネイマール自体のイメージが悪くなっている側面も、少なからずあるかなとは思います。

これはヤバイ

パパラッチ不要の赤裸々な交際

ネイマールはC・ロナウドと同じく、もちろん女性にモテモテです。ただ、幼なじみと結婚したメッシ、ついに結婚かとも言われているC・ロナウドと比べると、なかなか落ち着きがありません。

19歳の時には、短期間交際した16歳の女の子を妊娠させます。その女性とは別れましたが、高額な養育費を払ったうえで**子供は認知**することで合意しました。

すごかったのがブラジルの有名女優ブルーナ・マルケジーニさんとのロマンスでした。20歳の時に交際をはじめると、**約6年間でなんと付き合ったり別れたりを4回も繰り返したんです！**

2人とも破局の度にSNSのツーショット写真を消したかと思えば、復縁の度にまたラブラブ写真をアップしたりと、いかにも今どきの若いカップルという感じ。30代半ばの僕にはちょっと理解不能でした（笑）。

ネイマールとブルーナさんは2018年に別れたようですが、これまでの経緯を考えると、いつかまた復縁するかもしれないですね。

子供は認知

現在9歳のダビ・ルッカくんは、最近もネイマールのSNSにたびたび登場しています。

キリアン・エムバペ

Kylian MBAPPE

生年月日	1998年12月20日（22歳）	所属クラブ	パリSG（フランス）
身長・体重	178㎝／73kg	代表・出身	フランス代表
ポジション	ウイング、CF	推定年俸	1860万ユーロ

なにがスゴイ？

ボルトより速く、頭も賢い！

エムバペは、遠からずメッシ&C・ロナウドから世界一を継承すると謳われる怪物です。最大の魅力は、「爆発的」と表現するに相応しい**圧巻のスピード**。短いダッシュのみならずロングスプリントの加速も傑出しており、敵を一瞬でぶっちぎります。

２０１８年ロシア・ワールドカップのアルゼンチン戦におけるドリブル突破は、すでに伝説ですよね。３人を振り切って自陣中央から相手ゴール前まで約50メートルを一直線。あのシーンの平均時速は38キロで、**ウサイン・ボルトが１００メートルの世界記録を出した時の平均換算時速である37・58キロを上回った**とも言われています。信じられない速さですよね！

エムバペが凄いのは、このスピードの活かし方

を熟知していること。まず、**緩急が素晴らしいですね**。身体のフェイクを含めてチェンジアップやストップ＆ゴーなどを駆使し、相手を揺さぶってから一気に加速します。あの緩急はＤＦにとって本当に厄介だと思います。

それと、トラップなどをあえて大きめにしているシーンも目立ちます。敵は追いつけないけど、自分の足だったら追いつけるという、絶妙な位置にボールを置くんです。

つまりエムバペは、「スピード馬鹿」ではなく、いわば「**頭脳的なスピードスター**」。だからこそ、彼は特別なのです。

なにがスゴイ？

13歳でジダンの誘いを断る！

幼少期のアイドルは、ジネディーヌ・ジダンとＣ・ロナウドでした。しかし、エムバペはそのジダンの誘いをなんと一度、断っているんです。

フランスのエリート育成機関『**クレールフォンテーヌ**』に所属していた13歳の頃でした。当時、レアル・マドリーのスポーツディレクターだったジダンから家族に連絡があり、マドリーの練習に招待されたのです。

そこでもエムバペは圧巻の才能を発揮。ジダンを筆頭とするクラブ関係者たちからは、「是非ともウチに入ってくれ」と誘われました。しかし、**なんと本人はこれを拒否**。後にその理由をこう語っています。

クレール・フォンテーヌ

レ・ブルー（フランス代表の愛称）の源泉といわれる国立の選手養成機関。非常に狭き門で、サッカーの能力以上に加え人格や学業も重要視される。

「僕がなかなかの選手だってことを印象付けておきたかっただけさ。彼らが僕を欲しがっているってことを実感したかった。肌で感じたかったんだ」

10代前半での海外移籍は難しい面も多いので、国内で実績を積みたいと考えていたようです。とはいえ、憧れのスーパースターに「**世界最高のクラブでプレーしないか？**」と誘われて、断れる13歳がどれだけいるでしょうか……。僕だったらすぐに契約したと思います（笑）。

その後、エムバペはモナコと契約し、17年にはパリＳＧへ移籍。ここ数年はずっとマドリーの新戦力候補に挙がっており、現在のマドリー監督は、そう、ジダンその人です。今度はさすがに断らないでしょう！

なにが スゴイ？

19歳で代表10番になっても超冷静

サッカーにおいて背番号10は、言わずと知れたエースナンバーです。フランス代表でもミシェル・プラティニやジダンなどのスーパースターが着用してきました。この10番をエムバペは、なんと**史上最年少の19歳**で継承します。初めて着用したのが２０１８年3月のコロンビア戦。普通は相当なプレッシャーのはずですが、本人はいたって冷静でした。

「僕が望んだんだ。10番は空いていたし、誰も付ける予定がなかったからね。でも、僕のプレースタイルはさほど変わらないと思う。僕にとっては10番も12番も29番も、**ピッチの上では同じなんだ。**10番がフランス人にとって大きな意味を持っていることは、もちろん知っている。でも、あえて繰り返すけど、**僕の気持ちは何も変わらないよ**」

19歳とは思えないコメントですよね。エムバペはそのまま10番を纏ったロシア・ワールドカップで4ゴール・1アシストを記録し、フランスの**世界制覇**に大きく貢献。このメンタルの強さは、彼の大きな特長のひとつになっていますね。今やフランス代表でもナンバーワンの人気プレーヤーになっています。

これはヤバイ

セレブレーションの考案者は弟だった!

エムバペのゴール・セレブレーションは、両手を交差させて脇の下に挟む独特なポーズ。自他ともに認める「セレブレーション・マニア」である僕も、これは初めて見ました(笑)。

このポーズの考案者は、意外にも**7歳年下の弟エタン君**。エムバペは「プレイステーションのサッカーゲームでよく一緒に遊ぶんだ。エタンは勝った時、あのポーズでドヤ顔してくるのさ」とコメントしています。つまり、**彼はゴールをいつも弟に捧げているわけです**。とても深い家族愛を感じるエピソードですよね。

その家族ですが、カメルーンにルーツを持つ父ウィルフリッドは、首都パリ近郊では良く知られた少年サッカーの指導者。アルジェリアがルーツの母ファイザは、元ハンドボール選手でした。

兄弟は前述した弟のエタン君が7歳下で、現在はパリSGの下部組織でプレー。なかなかの才能に恵まれているそうで、いつか兄弟共演もありえるかもしれないですね。

世界制覇
エムバペの10番ユニホームは、代表仲間のグリエーズマンの5倍、ポグバの7倍も売れた。

また、実は義理の兄がいます。ジレス・ケンボ・エココというサッカー選手です（2019年夏のブルサスポル退団後は無所属）。エムバペは彼を「兄さん」と呼ぶほど慕っており、サッカーでも多くを学んだと言われています。

これはヤバイ 度胸の源は「演劇」にあり

エムバペは若さに似合わぬ**度胸と冷静さ**の持ち主です。記者会見などのコメントも常に冷静かつ的確で、そのうえウィットに富んでいて面白いことで知られています。

その大きなバックボーンとなっているのが、**演劇クラブでの経験**だったそうです。少年時代に約3年間に渡って演劇を習い、度胸とコメント力を磨いていたんです。16歳でのプロデビュー当時から、マイクの前できちんと発言できるのは、その経験が大きくモノを言っているようですね。語彙力も豊富で、強弱や間を巧みに使いながら、**笑いで話を締める記者会見やインタビュー**は、現地記者にもかなり好評なようです。些細なコメントもSNSなどですぐに炎上する時代にあって、スーパース

ターとしてこれは大きな利点になりえますね。

19歳にして225億円を動かす！

先ほどネイマールが「サッカー史上最高額の選手」とご紹介しましたが、2位はこのエムバペです。2017年8月、モナコからパリSGに移った際の移籍金は1億8000万ユーロ（**約225億円**）。当時はまだなんと19歳で、**10代のプレーヤーとしてはもちろんレコードです**。

しかも、この「史上最高額の10代プレーヤー」という重圧も、まったく感じていないかのような活躍を披露。以降の3シーズンは、**リーグ・アン3連覇に貢献し、得点王も2回**と期待に違わぬ結果を残しています。

すでにリーグ・アンはエムバペにとっていわば〝狭い庭〟であり、本当の意味でメッシ&C・ロナウドの後継者になるには、よりレベルの高いリーグ、例えばラ・リーガやプレミアリーグ、セリエAなどで実績を積む必要があるでしょう。

新天地の最有力候補は、先ほどお話したとおり**相思相愛のレアル・マドリー**。ただ、バルセロナ、リバプール、マンチェスター・シティあたりを巻き込んだ熾烈な争奪戦になる可能性もあります。そうなれば、その移籍金はネイマールの記録（2億2200万ユーロ＝約278億円）を確実に超えるでしょう。コロナ禍で移籍金相場がやや下がっているのが気掛かりですが、2億5000万ユーロ（約313億円）、あるいは3億ユーロ（約375億円）の大台にも乗るかもしれません。ここ数年のうちに、**エムバペが「サッカー史上最高額の選手」になることは確実です！**

リーグ=

「BIG6」を中心に全体がハイレベル！

リーグ全体の競争力では、いま世界最高峰ですね。リバプール、マンチェスター・C、チェルシー、マンチェスター・U、トッテナム、アーセナルと国際的なビッグクラブが6つもあり、彼らは「BIG6」と呼ばれています。だから他国のリーグと比べても優勝争いが熾烈ですし、毎節のようにビッグマッチがあります。どの試合もハイレベルで面白いですね。

放映権マネーで選手&監督が集まる！

プレミアリーグの最新放映権料は総額4543億円と世界一で、下位クラブでも年間100億円以上を手にします。だからリーグ全体が潤っていて、コロナ禍の2020年夏秋の移籍市場でも20チーム総額で1836億円を投下。2位のセリエAの倍近い額です！　いま世界的な選手と監督がプレミアリーグに集まっているのは、この経済的な側面が何よりも大きいですね。

2020-2021チーム一覧

- リバプール
- マンチェスター・シティ
- マンチェスター・ユナイテッド
- チェルシー
- レスター
- トッテナム
- ウォルバーハンプトン
- アーセナル
- シェフィールド・ユナイテッド
- バーンリー
- サウサンプトン
- エバートン
- ニューカッスル
- クリスタル・パレス
- ブライトン
- ウェストハム
- アストン・ビラ
- リーズ
- WBA
- フラム

PART 2

= プレミア

驚愕するほどのスピードと激しさ！

スタイル的な特長は、とにかくフィジカルコンタクトが多くて試合展開が速いこと。基本的には縦志向のチームが多いですし、レフェリーが簡単には笛を吹かない伝統もあるので、余計に試合のテンポが速くなりますね。初めて現地で観た時は、その激しさとスピードに驚きました。テレビ観戦でも十分にエキサイティングで、楽しめるリーグだと思います!

歴代優勝回数ランキング

1位	マンチェスター・ユナイテッド	20回
2位	リバプール	19回
3位	アーセナル	13回
4位	エバートン	9回
5位	アストン・ビラ	7回

フィルジル・ファン・ダイク

Virgil VAN DIJK

生年月日	1991年7月8日（29歳）	所属クラブ	リバプール（イングランド）
身長・体重	193cm／92kg	代表・出身	オランダ代表
ポジション	CB	推定年俸	936万ポンド

なにがスゴイ？

65試合もドリブル突破を許さず！

ファン・ダイクは、現時点で「**世界最高峰のCB**」。フィジカル、スピード、読み、戦術眼、そして足元の技術と、すべてが超ハイレベルですね。

リバプールが現在の隆盛を築くうえで、このファン・ダイクの加入はとてつもなく大きかったですね。守備が一気に安定しただけでなく、**高精度のロングフィード**というバリエーションが攻撃に加わり、チーム力が数段アップ。移籍金は当時のDF史上最高

額である7619万ポンド（約107億円）と超巨額でしたが、その価値は十二分にありましたよね。

何よりも驚異的なのが、**1対1の強さ**。リバプール加入直後の2018年3月から65試合も、なんと「**一度もドリブルで抜かれない**」という信じがたいスタッツを残しています。

相手がドリブルを仕掛けてきた時の対応では、とにかく「コースの限定」が傑出。あるコースに相手をおびき寄せて、網に入った瞬間にボールを奪ってしまうイメージです。これは敵の突破を潰すうえでは、スピードやパワーよりも大事な能力ですね。

ディフェンスというのは基本的に「リアクション」なんですが、ファン・ダイクは「アクション」で守っている、という感じでしょうか。そんなCBは彼だけですね。

なにがスゴイ？ 完璧すぎるポジショニングにも注目！

1対1の強さと同じくらい傑出しているのが、**ポジショニングの良さ**ですね。とくに競り合い時のそれは、まさに「パーフェクト」です！

クロスやフィードが上がった際のFWとCBの競り合いというのは、とにかく**ボールに触る前の位置取りが命**。ここでいかに上手く身体を入れ、ボールの落下地点に先に入るかが何よりも肝になります。

ファン・ダイクはこの部分が抜群なので、相手よりもいつも先に飛べていて、だからこそボールを弾き返せるんです。相手のFWとしては、「入りたいポジションにいつもいるな……」という感覚じゃないかと思います。

これは目の前の敵、ボール、キッカーという3つが常に把握できていて、それによってボールが来る位置の「予測」ができているから。おそらくですが、キッカーの蹴り方などからも、ある程度はコースを読めているはずです。とにかく彼はいつも「正しい位置」にいますね。僕はＦＷですが、はっきり言っていま最も戦いたくないＣＢですね（笑）。

筋トレをしなくても最強の肉体！

「**人類の中の雄、史上最強の身体**」

ファン・ダイクの肉体をそう評したのは、日本人トレーナーの木谷将志さん。ロンドンを拠点に吉田麻也くん（現サンプドリア）など複数のプロアスリートと専属契約を結んでいる方です。木谷さんはサウサンプトン時代の吉田くんをよく診ていて、ある日、そのチームメイトだったファン・ダイクも治療することになったとのこと。

当時抱いた印象を、ワールドサッカーダイジェスト誌でこう語っています。

「ナチュラルに凄かったです。強いけど、柔らかい。すべての良いものが集約した身体で、『こいつはすげぇ』と驚きました。筋トレとか一切しなくても普通にスゴいはずだと思ったし、**実際にほとんどしないそうです**。それであそこまで仕上がっていて、出来上がっている。エグいですよ。日本人だったら、ありえません。**過去に診てきたどの分野のプロアスリートよりも、ずば抜けた肉体でした**」

欧州のトップ選手は、ほとんどがスーパーアスリートですが、その中でも筋トレなしで一番スゴいなんて、信じられません！

そんな規格外の肉体を持っているファン・ダイクですが、実はエリートではありません。むしろ叩き上げの苦労人なんです。

まず家があまり裕福ではなく、おこずかいを稼ぐために15～16歳の頃は**レストランで皿洗いのアルバイト**をしながら、ヴィレムⅡの下部組織でサッカーを続けていました。

また、フローニンヘンに所属していた２０１２年には、虫垂炎が悪化して腹膜炎と腎炎を併発。一時は生死の境をさまよったそうで、本人は当時をこう振り返っています。

「ベッドに横たわっているときのことをまだ覚えている。身体は完全に壊れ、自分ではなにもできなかった。あの時は、最悪のシナリオが頭をよぎったよ……。僕が持っていたお金が母親に渡るように、遺言書のようなものにもサインした。**一歩間違えば、あそこで僕の人生は終わっていたかもしれない**」

それでもファン・ダイクは不屈の精神で病気を乗り越え、サッカーを続けます。そして、セルティック、サウサンプトンを経てリバプールに移籍。**皿洗いから、世界最高のCBへ**——。現代サッカー界でも有数のサクセスストーリーですね。

モハメド・サラー

Mohamed SALAH

生年月日	1992年6月15日（28歳）	所属クラブ	リバプール（イングランド）
身長・体重	175cm／71kg	代表・出身	エジプト代表
ポジション	ウイング、CF	推定年俸	1040万ポンド

なにがスゴイ？

足が速いだけじゃなく「腕」も強い！

サラーは今や世界屈指の「**ウイング・ストライカー**」。２０１７年に入団したリバプールでは3年連続で年間20ゴール超えを達成しました。

サラーが右サイド、サディオ・マネが左サイドを担うリバプールの両翼は、現時点で「世界最速」とも謳われています。たしかにこの2人のスピードは異次元ですが、サラーの最大の特長は「**敵を背負った状態のボールキープやターン**」にあります。彼は１７５センチ・71キロと小柄で細身なのに、１９０センチ台のＤＦを背負いながらスルリと入れ替わって前を向けるんです。

この時に抜群に上手いのが、いわゆる「**ハンドオフ**」。腕を使って相手を抑えたり、スペースを作ったりすることです。手で敵を抑えながら足下にボールを受け、入れ替わってドリブルかパス、もしくはシュートに流れる一連のパターンは、サラーの十八番ですね。サラーのプレーを観る時は、「手の使い方」にもご注目を！

これはヤバイ 「自己中」どころか「聖人」そのもの

サラーはゴール前だと強引なところがあって、仲間にパスを出せる場面でも積極的にシュートを狙います。だからメディアやサポーターからは「自己中」と揶揄されることもありますが、ＦＷはあれぐらい強引でも良いですよ。アシストだって十分に多いですし、「**健全なエゴイズム**」の範疇です。

むしろ真のサラーは、本当に**慈悲深い人**なんです。とくにエジプトの故郷であるナグリグ村が貧しいため、長きにわたって支援。村人たちのために救急車や医療器具、生活用品などを買い、学校、病院、さらにサッカーグラウンドなどの建設費も全額負担しています。

また、エジプト代表を28年ぶりのワールドカップ出場に導いたご褒美として、大統領から高級別荘のプレゼントを提案されたサラーはなんと、「感謝します。でも、代わりにナグリグ村に現金を寄付してください」と返答。いや〜、なかなか言えることじゃないですよね。

さらに、２０２０年９月にも、ガソリンスタンドに寄った際、ホームレスの男性に嫌がらせしていた若者たちを「止めろ！　君たちも数年後は同じ生活をしているかもしれないだろ！」と一喝。さらに、助けたホームレス男性に、１００ポンドを手渡したそうです。サラーは「自己中」どころか、**尊敬できる「聖人」なんです。**

アリソン

ALISSON

生年月日	1992年10月2日（28歳）	所属クラブ	リバプール（イングランド）
身長・体重	191㎝／91kg	代表・出身	ブラジル代表
ポジション	GK	推定年俸	468万ポンド

なにがスゴイ？

とても珍しい「怒鳴らない」世界的GK

２０１９年には**ヤシン賞**（GK版バロンドール）の初代受賞者にも輝いた通り、アリソンは現在のサッカー界で３本の指に入るGKです。シュートストップ、ポジショニング、ビルドアップ、そして落ち着きと全てを兼ね備え、ローマ時代は「**GKのメッシ**」とも謳われたほどでした。２０１８年に移籍したリバプールでは、最強チームを最後尾から支えています。

とくに素晴らしいのが、「**落ち着き**」ですね。イライラしていたりソワソワしていたりするGKは仲間を不安にさせるし、相手には勇気を与えてしまうものです。僕もそういうGKと対戦した時は「シュートをいつも以上に撃とう。ワンチャンあるかも」と思いますし、その積極性が結果に繋がったケースが何度もありました。

でも、アリソンは**メンタル的な起伏がピッチ上でほとんど出ない**。大声で仲間を叱責するGKは多いですが、それもまったくしません。その理由を本人はこう語っています。

「仲間を怒鳴るのは好きじゃない。もちろん自分が怒鳴られるのもね。ミスをした時は本人が自覚しているものだし、僕だってミスは犯す。何かを改善するためには、大きな声で叱責するよりも、みんなで冷静に話し合うべきだ」

リバプールの堅守の裏には、こうした良いコミュニケーションがあるわけですね。

これはヤバイ

語学堪能で、ギター演奏もプロ顔負け！

アリソンはブラジル人プレーヤーとして、一線を画す存在です。まず、**言語がとても達者**です。**ポルトガル語**のほか、両親のルーツである**ドイツ語**、さらには**英語**も流暢に操ります。GKはDFとのコミュニケーションが非常に大事なので、大きな利点ですよね。

さらに、音楽の趣味も独特。ブラジル人と言えばやはりサンバですが、アリソンは**カントリーミュージック好きでギターが趣味**。リバプールのチームディナーでもオアシスの名曲『Don't Look Back in Anger』を**ギター片手に熱唱**していました（ちなみに、オアシスのギャラガー兄弟は熱狂的なマンチェスター・シティのファン）。

さらにリバプールTVでも地元出身のミュージシャン、ジェイミー・ウェブスターと共演。クラブ応援ソングの『Allez, Allez, Allez』を、ギターを弾きながら一緒に歌っていました。歌もギターもなかなかの腕前です。

ユルゲン・クロップ

Jürgen KLOPP

生年月日	1967年6月16日（53歳）
指揮クラブ	リバプール（イングランド）
国籍	ドイツ

なにがスゴイ？

激しい縦志向のヘビメタサッカー

長く低迷していた名門リバプールを復権させた稀代の名将が、クロップです。香川真司くんも指導した**ドルトムント**での実績が評価され、２０１５年10月にリバプール新監督に就任。徐々にチームを発展させ、18－19シーズンはチャンピオンズリーグ優勝、そして19－20シーズンはプレミアリーグも制覇します。リバプールにとって国内リーグ優勝は実に30年ぶりでした。

クロップが志向しているのが、『**ストーミング**』と呼ばれる戦術です。グアルディオラらの『ポジショナルプレー』とはいわば対極に位置付けられるスタイルで、守備ではハイプレスとゲーゲンプレッシ

ング、そして攻撃では縦に速い展開がベース。激しくて熱いこのスタイルを本人は「**ヘビーメタル・フットボール**」とも呼んでいます。

とはいえ、すっかり強豪に成長したここ2、3年は、相手のリバプール対策がかなり進んできました。そこでクロップは、試合のペースを落としてパスを繋ぎながら主導権を握る戦い方も部分的に導入。今シーズンは司令塔のチアゴ・アルカンタラを新たに獲得し、パスサッカーの精度もかなり上がってきました。こうした柔軟性や対応力も見事です。

なにがスゴイ?

サボり厳禁！ 悪魔のプレス

クロップは「**ゲーゲンプレッシング**」の事実上の〝生みの親〟。本人は「グアルディオラ時代のバルセロナを参考にして、自分で改良して発展させた」と語っています。

これは簡単に言うと、「ボールを奪われた瞬間から即座にプレスをかけ、すぐに奪い返そう」という戦術。敵陣の高い位置でボールを奪えれば、相手ゴールまでの距離が短いからすぐにシュートできる、というわけです。

当然、めちゃくちゃ消耗の激しいスタイルです。例えばドリブルやパス、シュートに失敗しても、すぐに奪い返しにいかなければいけない。シュートをブロックされた後に「ちくしょう！」とちょっと不貞腐れるＦＷは多いですが、**クロップのチームではそんな態度は絶対に許されません（笑）**。

ドルトムント

ゲッツェやロイス、レバンドフスキ、フンメルス、オーバメヤンらをスター選手に育てた。2008年から指揮し、リーグ２連覇など黄金期を築く。

僕もFWなのでよく分かりますが、これは口で言うほど簡単な戦術ではありません。「ボールを取られたらすぐに奪いにいけ」と言われても、「それは後ろの選手の仕事でしょ？」という潜在意識がFWにはあるからです。でもクロップ・リバプールでは、マネもフィルミーノもサラーも、**ボールロストした瞬間に猛然とプレスへ。**それでいて攻撃でもきっちり仕事をするわけで、「どんな体力をしてるんだ」っていつも思います。

これはヤバイ

スローインひとつにも徹底的にこだわる

現代フットボールでは「コーチングの分業化」が一気に進んでいます。マインツ、ドルトムント、リバプールとこれまで率いてきたチームでは、実に様々なスペシャリストたちと仕事をしてきました。

中でもクロップは、その先駆け的な人物として知られています。

その1人が、マインツ時代から一緒に仕事をしているペーター・クラビーツです。いわゆる**ビデオ分析の専門家**で、現在のリバプールでは映像部門を統括。ハーフタイムでは前半のまとめビデオを選手たちに見せ、具体的な指示を与えているそうです。

また、2018年夏からは「**スローイン専門コーチ**」としてデンマーク人のトマス・グレネマルクも雇っています。セットプレーやディフェンスの専門コーチは聞いたことありますが、さすがにスローイン専門のコーチは初めて聞きましたね。その実績に着目したクロップが、自ら電話して口説いたそうです。

コーチングの効果はテキメンで、左SBのアンドリュー・ロバートソンはスローインの飛距離がなんと**19メートルから27メートルまで伸びたそうです！**

これはヤバイ

チームを爆笑させる下着ネタを披露

クロップを語るうえで欠かせないのが、愛と情熱です。とにかく**「人間くさい」**方で、リバプール就任当初には、選手にトレーニングセンターの全スタッフの名前を覚えさせたそうです。「食堂で働くキャロルさんも、守衛のケニーさんもリバプールの大切な仲間であり、全員で勝利を目指すんだ」と力説し、クラブ全体の結束力を高めたんです。胸熱ですよね。

また、ちょっとオチャメな面もあります。18年のチャンピオンズリーグ決勝前には、敵方のエース、C・ロナウドが手掛けるブランドの**下着**を見せびらかしながらミーティングに！　ジョルジニオ・ヴァイナルダムはこう振り返っています。

「彼はロナウドのパンツにシャツを突っ込んで、そのまま話を始めてさ。**僕らはロッカールームを転げまわるくらい大爆笑さ（笑）**。あれで僕らの緊張は吹っ飛んだね。他でもない監督がジョークを飛ばしてくるとは思わなかったよ。あの時のボスはヤバかったね」

ギャグセンスも高いクロップは、まさに稀代のモチベーターなのです。

ケビン・デ・ブルイネ

Kevin DE BRUYNE

生年月日	1991年6月28日(29歳)	所属クラブ	マンチェスター・シティ(イングランド)
身長・体重	181cm／76kg	代表・出身	ベルギー代表
ポジション	攻撃的MF	推定年俸	1820万ポンド

世界で一番「判断力」の優れた男

現在、**世界ナンバーワンの攻撃的MF**です。フィジカル、テクニック、スタミナ、判断力とすべてがハイレベルで、弱点らしい弱点はまったく見当たらないですね。

特にいわゆる「**個人戦術**」が傑出していて、チーム共通の枠組みを守りながら、状況に応じて的確な判断を下す能力はピカイチです。例えば、監督に「今日は縦パスを積極的に狙っていけ」と指示されても、相手が厳しく縦を切ってくればもちろん出せません。だから、一旦横パスを入れて相手をズラしてから縦パスを入れるとか、状況に応じた柔軟性が求められます。彼はその能力が際立って高い。いわば「個人戦術のオバケ」ですね！

技術的にはミドルシュートも素晴らしいですが、僕は**彼のクロスにいつも惚れ惚れします**。右のハーフスペースでボールを受け、相手のDFとGKの間に速くて正確なボールを打ち込むんです。キックの精度はもちろん、**スペースを見つける能力**、**敵と仲間の動きを予測する能力**が尋常じゃないレベル。デ・ブルイネにあれを蹴られたら、失敗はフィニッシャーのシュートミスしかありえません！

これは
ヤバイ

盟友と彼女がまさかの浮気を…

「当時のガールフレンドは、ティボー・クルトワと浮気をしていた」

2014年の自伝で、デ・ブルイネはそう暴露しています。現在はレアル・マドリーの守護神を務めるクルトワは、ヘンクの下部組織でともに育ち、ベルギー代表でもチームメイト。そんな盟友と彼女が……。ショックですよね。ただ、元彼女のキャロライン・ライネンさんも反論しています。

「**先に浮気をしたのはケビンのほうよ**。私の大親友と浮気したの。そんな時にティボーと会うことがあって、間違いが起こってしまった。ティボーは優しくて、料理も作ってくれた。ケビンは3年間でそんなこと一度もしてくれなかったわ」

このコメントを聞く限り、3人全員に問題があったという感じでしょうか（笑）。いずれにしても気まずくなった2人ですが、代表チームだとピッチ外で会話はしないものの、ピッチ内では**プロフェッショナルな関係**でいるようです。

ロシア・ワールドカップの日本戦では、図らずもそれが証明されていましたよね。試合終了間際、コーナーキックのボールをクルトワが掴み、それをデ・ブルイネにスローイン。ベルギーはここからカウンターで決勝点を挙げています。さすがプロですよね。

ラヒーム・スターリング

Raheem STERLING

生年月日	1994年12月8日(26歳)	所属クラブ	マンチェスター・シティ(イングランド)
身長・体重	170cm／69kg	代表・出身	イングランド代表
ポジション	ウイング	推定年俸	1560万ポンド

なにがスゴイ?

必殺の「ダブル・カットイン」

スターリングはグアルディオラ監督の下で急成長し、ワールドクラスのウイングになりましたね。

元々は瞬発力を活かした典型的なドリブラーでしたが、19－20シーズンに自身初の公式戦30ゴール超え。最近は得点力が大きく上がっています。

その最大の理由が、独特の型を持っている「**カットイン**」です。左サイドから中央に切れ込んでシュートを狙う際、通常はキックフェイントなどが1回。でも、スターリングはそれが連続で2回もできるんですよね。敵DFたちを

この「**ダブル・カットイン**」で揺さぶり、コースを確保してシュートを撃ち込みます。

その時に是非とも見てもらいたいのが、彼の姿勢。**すごく背筋がピンとしているんです。**とても広い視野を確保できていて、ドリブル中でも全体がしっかり見えています。だからカットインするタイミングとスペースが、事前に頭の中で描けているんだと思います。

これはヤバイ

2歳の時に父親が銃で…

スターリングは2018年、右ふくらはぎに**『M16アサルトライフル』のタトゥー**を入れました。これは「物騒」、「銃を容認するのか」、「子供たちにとって最悪の見本」と大きな批判を浴びましたが、このタトゥーには実は深い理由がありました。

本人がインスタグラムで、ジャマイカに住んでいた頃の悲劇を告白したんです。「僕がまだ2歳の頃、**父が銃で撃たれて亡くなった**。だから、生涯にわたって銃には絶対触れないと誓ったんだ。代わりに僕は、**右足でシュートを撃つんだ**。理解してもらいたい」

そんな壮絶な体験を含めて、苦労を重ねてきたスターリングは、人種差別撤廃運動に以前から積極的。世界的な広がりを見せた2020年の『**Black Lives Matter**』ムーブメントでも、サッカー界で真っ先に声を上げました。

そうした功績もあって、『パワーリスト2020』（英国の非白人で影響力のある100人）に、男子フットボーラーでは唯一選出されています。

カットイン

得意なプレーだからこそ相手DFもマークしていますが、それでも成功させるのがスゴイところ。

ジョゼップ・グアルディオラ

Josep GUARDIOLA

生年月日	1971年1月18日(49歳)
指揮クラブ	マンチェスター・シティ(イングランド)
国籍	スペイン

なにがスゴイ?

あらゆるチームが進化する理想と柔軟性の両方を兼備

「ペップ」の愛称で知られる現代屈指の戦術家です。ポジショナルプレーをはじめ、**可変システム、偽のSBや偽のウイング、5レーン理論、そしてオーバーロード**など、最近の戦術的トレンドのほとんどは彼が提唱するか、もしくは流行らせたものですね。本当に研究熱心で、「**サッカー以外の話ができるのは30分まで**」と言われるほどです(笑)。

ペップがスゴいのは、自分の理想を追い求めながらも、チームやリーグに合わせて戦術を微調整する柔軟性を持っていることです。最初に指揮したバルセロナでは正統派のポゼッションサッカーを志向していましたが、バイエルン、マンチェスター・シティと舞台を変えるたびに、少しずつスタイルを変えていっているんです。

具体的に言えば、プレミアリーグはフィジカルでスピードも速いので、マンチェスター・シティではより**インテンシティー(強度)**を重視していますね。

つまりペップは、いわば「**進化を止めない戦術家**」なのです。これからも斬新な戦術やスタイルを生み出してくれるはずですし、次にどのチームの指揮を執るかも含めて、モダンフットボールで最も刮目に値する監督と言っていいでしょう。

なにがスゴイ？

選手のためならいつでも熱血指導！

ペップは戦術面のみならず、選手を成長させる手腕にもとても優れています。

バルサ時代にはメッシやイニエスタ、バイエルンではアラバやキミッヒ、そしてシティではスターリングやデ・ブルイネなどの才能を開花させ、世界的スターに育てました。だから最近は、**「ペップの指導を受けたい」と考える若手がとにかく多い**。この点は、移籍マーケットにおける選手争奪戦でもすごく有利。例えば、「年俸はユベントスのほうが高いけど、ペップに教えてほしいからシティへ」と考える選手もいるからです。

試合中やその前後にもペップは選手に熱血指導を行ないます。2019年5月のFAカップ決勝後には、目を疑うようなシーンがありました。優勝セレモニー中、2ゴール挙げていたスターリングに身振り手振りを交えながら**めちゃめちゃ怒っていたんです**。ペップは「彼は優勝に決定

的な貢献を果たしたが、前半はミスが多かったし、もっと改善できる部分がたくさんあった」とコメント。2得点してまさか叱られるとは……。スターリングはちょっと唖然としていました（笑）。

大批判の中で3冠達成！

グアルディオラはトップチーム監督1年目から、いきなり世界中を驚かせた指揮官でした。バルセロナのBチームで1年間の修行を積み、トップチームの監督に大抜擢された2008年夏。まず彼は就任会見で、当時は**世界一の選手だったロナウジーニョ**、そして同じく主力だった**デコとエトーが戦力外**だと明言したのです。今で言えば、メッシやブスケッツ、ピケを戦力外にするようなもの。にわかには信じられないですよね。

当初は「ロナウジーニョとデコを放出するなんて狂っている。監督も選手も経験が少なすぎる」と揶揄されたものでした。

しかし、ペップ・バルサはその1年目から、スペクタクルなサッカーを披露しながら、なんと**スペイン史上初の3冠（ラ・リーガ、チャンピオンズリーグ、コパ・デル・レイ）を達成！** そう、いきなり歴史的なチームを作ったのです。批判していた人たちは「嘘だろ?」と思ったことでしょう。「**ペップ伝説**」は最初からド派手で、かなり衝撃的でしたね。

これはヤバイ

試合日は今でも緊張で奇行気味

ペップはMFだった現役時代に通算500試合以上に出場し、監督になってからも700試合以上を指揮。まさに百戦錬磨の男です。

それでも、**試合当日は今もすごく緊張する**とのこと。軽い朝食をとった後は、試合が終わるまで食べ物をまったく受け付けず、**ハーブティーと水だけで過ごす**そうです。マンチェスター・シティのFWセルヒオ・アグエロは、試合当日のペップについてこう語っています。

「爆笑ものさ。**大抵は裸足で、ずっと1人でブツブツ言いながら歩いているんだ。**カフェテリアに入ってきても何も食べない。僕らと目が合っても何も言わず、またオフィスへと戻っていくんだ（笑）」

まさに奇人（笑）。でも、そこまで試合にフォーカスしている何よりの証拠ですよね。

ちなみに、試合日以外はもちろんしっかり食事をとっています。ファン・マヌエル・マタ（マンチェスター・ユナイテッドMF）が経営するスペイン料理屋『Tapeo & Wine』によく足を運ぶそうです。

さらに、2018年には自ら『Tast Cuina Catalana』というカタルーニャ料理屋を同じくマンチェスター市内にオープン。やっぱり故郷の料理が恋しいみたいですね。

ポール・ポグバ

Paul POGBA

生年月日	1993年3月15日(27歳)	所属クラブ	マンチェスター・ユナイテッド(イングランド)
身長・体重	191㎝／84kg	代表・出身	フランス代表
ポジション	攻撃的MF	推定年俸	1508万ポンド

なにがスゴイ?

ダイナミックなトリックスター

ポグバはスケールが大きく、観ていてワクワクする選手の1人です。191センチの長身なうえに手足が長いので常にフィジカル的な存在感があり、それでいてテクニックも繊細。相手の中盤にあんな選手がいたら、本当に嫌ですね。

最大の持ち味は、**敵2ライン(DFとMF)間からの仕掛け**です。独特のリズムを刻むドリブル、トリッキーなラストパス、そして強烈なミドルシュートとレパートリーが多彩。いつも「**うわっ、そこでそれか!**」という選択をする、かなり読みにくいタイプですね。

ただ、好不調の波が激しいのが難点。世界最高レベルのプレーを見せる日もあれば、まったく存在感がない日も。怪我も多いですし、さらに守備のタスクを忘れがち。ちょっと使いにくいタイプで、20-21シーズンは先発を外れる試合も増えました。ただ、**能力の高さは超一級品**。マンチェスター・ユナイテッドのスールシャール監督には、彼を上手く使いこなしてほしいですね。

これはヤバイ

ピッチ外でも「自由すぎる」

ポグバはピッチ内と同様、ピッチ外でもかなりの「**自由人**」です。髪型がコロコロと変わりますし、寝坊してトレーニングに遅刻なんてことも。さらに、2019年にスポンサーイベントで初来日した際には、「そろそろ新しい場所で、新しいチャレンジをするべきじゃないかと思っている」となんと移籍を示唆。ニュースを見て僕は、「えっ、日本でそれ言っちゃうの？」と驚きました！

2018年9月のバーンリー戦では、こんな事件もありました。試合前、当時のジョゼ・モウリーニョ監督に「試合が終わったらチームバスじゃなくて、**自分の車でマンチェスターに帰ってもいいか？**」と聞いたとのこと。しかし、サッカーチームは団体行動が基本なので、却下されたそうです。

しかし試合後、再び別行動を申し出たそうで、そこでモウリーニョ監督は渋々ながら「最低限としてバスでみんなと出発し、10分は乗りなさい。あとは好きにすればいい」と許可。そしてポグバは実際、待たせてあった**超高級車『ロールスロイス』に乗って帰った**そうです。さすがに自由すぎます（笑）。

マーカス・ラッシュフォード

Marcus RASHFORD

生年月日	1997年10月31日（23歳）	所属クラブ	マンチェスター・ユナイテッド（イングランド）
身長・体重	180cm／70kg	代表・出身	イングランド代表
ポジション	ウイング、CF	推定年俸	1040万ポンド

なにがスゴイ?

「振り足」が速すぎる!

ラッシュフォードは、ここ数年で大きく成長したFW。左ウイングとCFにおいて高い次元で機能します。スピードがあるのでドリブルや**オフ・ザ・ボールの裏抜けも鋭い**ですが、とりわけスゴいのがシュート。何といっても、**とてつもなく「振り」が速いんです!** 膝下のスイングが信じられないくらいにコンパクトかつクイックなので、**相手のブロックがくる前に強烈なシュートが打てます**。この部分に関しては、世界最高レベルですね。これはストライカーとして大きな利点。モダンサッカーはどんどんスペースが狭く

なっているので、ちょっとのスペースがあればシュートを打てる能力は、かなり貴重です。最近はさらに、直接FKで**ブレ球**も蹴っています。特にヤバかったのが、2019年10月のチェルシー戦。約30メートルの位置から蹴ったボールは、なんとも**2回も不規則に変化**し、ゴール左隅に突き刺さったんです。目を疑いました。ほとんど漫画の世界でしたね。

これはヤバイ

20代でイギリス国家を動かす！

ラッシュフォードはまだ23歳ですが非常に落ち着いていて、社会貢献活動などにも積極的。2020年6月には、**前代未聞のことをやってのけます**。ロックダウン中と同じく貧困家庭への給食無料提供を夏休み中も継続してほしいと、SNSで訴えたんです。

「母子家庭だった私も、フードバンクや無料給食、周囲の人たちの善意に助けられて育ちました。いまイギリスでは、黒人やマイノリティー人種の実に45%が貧困に喘いでいます。家の冷蔵庫に牛乳すらもない子供たちが、全国で20万人以上もいます。空腹のまま眠る子供がいてはいけません。国会議員のみなさん、どうか無料給食の継続を再考してください」

その後、彼はなんとイギリスの**ボリス・ジョンソン首相**とも電話会談。その熱意に感銘を受けた政府は夏休み中の**無料給食継続**を決め、若い1人のフットボーラーがイギリス国家を動かしたんです！　この功績が称えられ、10月にはMBE（大英帝国勲章）も受章。良い意味でヤバい人ですね。

無料給食継続
政府は1億2000万ポンド（約168億円）の予算を追加で用意しました。

ガレス・ベイル

Gareth BALE

生年月日	1989年7月16日（31歳）	所属クラブ	トッテナム（イングランド）
身長・体重	185cm／81kg	代表・出身	ウェールズ代表
ポジション	ウイング	推定年俸	1300万ポンド

超人的なスーパーゴールを連発！

ベイルはいわゆる「**アスリート系**」のアタッカー。スピード、ジャンプ力、左足のパワーなど身体能力が図抜けていますね。テクニックはそれなりですが、広いスペースがあればまさに無敵。グイグイと1人で持ち上がり、強烈なシュートを叩き込みます。

特に、2014年のバルセロナ戦（レアル・マドリー時代）が半端なかったですね。ハーフウェーライン付近の左サイドで受けたボールを大きく蹴り出し、自分は一旦ピッチの脇に飛び出しながらもダッシュで追い付き、そのままゴール！　並走していたDFのバルトラはスピードに付いていけず、なんとハムストリングの怪我が再発。「**信じられないくらい速かった……**」と振り返っています。

また、2018年のチャンピオンズリーグ決勝では、見事な**オーバーヘッド**も決めています。左から上がってきたクロスに咄嗟に反応した超高難度の一撃で、テレビで観ながら僕も「マジかよ！」って思わず叫んでしまいました。あのプレーには身体能力の高さが凝縮されていましたね。

ちなみに、今の主戦場はウイングですが、元々は左SB。サウサンプトンやトッテナム時代初期は**ディフェンスライン**にいたんですから、信じられない話ですよね。

これはヤバイ

ゴルフが大好きすぎて開き直る！

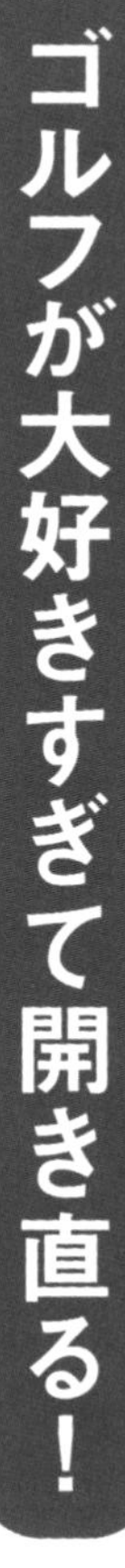

ベイルはサッカー界屈指の「**ゴルフ好き**」として知られています。アマチュアとしてはなかなかの腕前だそうで、時間さえあれば大会などにも参加。さらに、自宅の庭には、全英オープンの有名ホールをモチーフにしたミニコースも作っています。ベイルはちょっと怪我が多いタイプで、試合や練習を休んだ日にゴルフに興じることも。そうなると当然、「本業のサッカーを休んでゴルフをするなんてありえない！」と批判を浴びたりしますが、本人はまったく意に介していません。

「僕はゴルフが大好きだ。なんで批判されるのか、サッパリ分からないね。ドクターもまったく問題がないって言ってくれるのに。ゴルフをしている時はプレッシャーがないし、**心をリセットできる**。そこで集中力を高めて、またサッカーに戻っていくんだ」

そんなベイルのために、２０２０年9月に復帰したトッテナムはなんと、**30メートルほどのミニゴルフコース**をトレーニングセンターに作っています！　とんでもない特別扱いですよね（笑）。

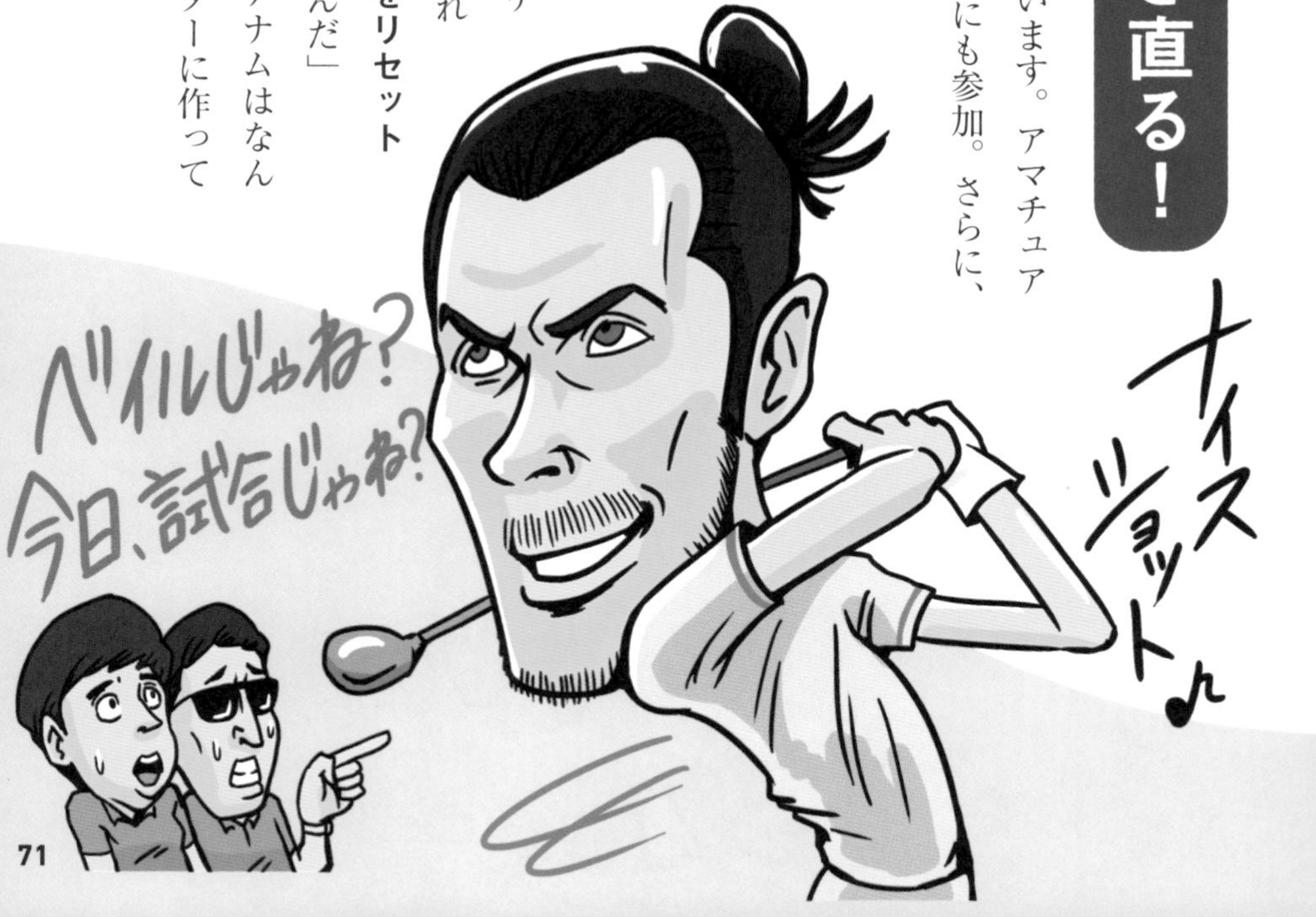

ソン・フンミン

Heung-Min SON

生年月日	1992年7月8日(28歳)	所属クラブ	トッテナム(イングランド)
身長・体重	183cm／77kg	代表・出身	韓国代表
ポジション	ウイング	推定年俸	728万ポンド

なにがスゴイ？

「ベスト・フットボーラー・イン・アジア」を２０１７年から３年連続で受賞している通り、ソン・フンミンは現在のアジア最高のプレーヤーですね。歴史を振り返っても、中田英寿さんやパク・チソンと肩を並べる最高レベルだと思います。

アジア人選手はヨーロッパだと持久力や勤勉性を武器に生き残っていくのが一般的ですが、ソン・フンミンは**純粋にスピードやパワーが十二分に通**

用しています。トップスピードでも足下がブレませんし、体幹が非常に強いので、個の力で局面を打開できます。

2019年12月のバーンリー戦では、まさに独力でスーパーゴールを挙げます。自陣深くでこぼれ球を拾うと、そのままドリブルで敵を次々に置き去りにしてゴール！　モウリーニョ監督が「ロナウドみたいだった」と大絶賛したこのアメージングな一撃は、『BBC』が選ぶ「**2019－2020シーズン年間ベストゴール**」に。アジア人選手の受賞は、同賞50年の歴史の中で史上初の快挙でした。スゴすぎます！

これはヤバイ

「現役中は結婚しない」ストイックさ

ソン・フンミンの父親は元Kリーガーの**ソン・ウンジョン**。小中学校ではサッカー部に所属せず、その父親に直接手ほどきを受けて育つという珍しい経歴の持ち主です。

父親はかなり厳格な方のようで、おかげでソン・フンミンも超ストイック。結婚についてもこう語ります。

「父は、『**現役中は結婚すべきではない**』と言う。僕もそう思う。結婚すれば、家族、妻、子供が自分の中で一番になるだろう。フットボールはその後になってしまう。でも僕は、トップレベルでプレーしている間は、フットボールを優先順位の最上位に置きたいんだ。トップレベルで戦える期間は短いしね。家族との時間は、引退した後にゆっくり取ればいい。生活が落ち着くからって選手の結婚を望む監督もいるけど、そもそも僕は頻繁に飲みに行ったりするタイプじゃないからね」

彼は韓国の**国民的スーパースター**なので、これまでアイドルや女優、アナウンサーなどとの熱愛が報じられてきました。ただ、引退までは結婚せず、サッカーに没頭していくようですね。

ジョゼ・モウリーニョ

Jose MOURINHO

生年月日	1963年1月26日(57歳)
指揮クラブ	トッテナム(イングランド)
国籍	ポルトガル

スカウティングが細かすぎ!

モウリーニョは勝負に強くこだわる、「**現実主義**」の監督です。絶対的なベースは、**堅い守備からの素早い攻撃**。最近はポゼッションや可変システムなどトレンドも少し取り入れていますが、志向しているのはあくまでも堅守速攻で、2019年11月から率いているトッテナムでもすごく実利的なチームを作っています。

モウリーニョが最初に脚光を浴びたのは、2004年でした。欧州レベルでは決して強豪とは言えないポルトを**チャンピオンズリーグ優勝**に導いたんです。その後、チェルシー、インテル、レアル・マドリー、マンチェスター・ユナイテッドを渡り歩き、その全てのクラブで3つ以上のタイトルを獲得。スペクタクルな感じはありません

が、「**とにかく勝てる監督**」ですね。

個人的に印象深いのが、インテル時代の09－10シーズンですね。ルッシオ、スナイデル、エトー、ミリートらが戦術を機能させ、見事に**3冠**（セリエA、チャンピオンズリーグ、コッパ・イタリア）を達成。堅守速攻を軸にしっかり勝ち切る「これぞモウリーニョ！」というチームでした。

その当時から変わらないのが、**綿密すぎるスカウティング**です。相手選手のプレースタイルはもちろん、性格、そしてなんとスパイクのメーカーまで把握しているそうです！　それが何の役に立つかは謎ですが、とにかく半端ない細かさですね（笑）。

なにが スゴイ？

最近は韓国語も勉強中！ 究極の「バイリンガル」

モウリーニョはいわゆる叩き上げの監督です。選手としては大成できず、24歳の若さで引退。その後、リスボン工科大学でスポーツ科学を学び、体育教師を務める傍らでユースチームのコーチやスカウトをしていました。

転機が訪れたのが29歳だった1992年。スポルティング・リスボンにイングランド人監督のボビー・ロブソンが就任し、その**通訳に抜擢**されたんです。このロブソンに気に入られ、ポルトとバルセロナでも通訳兼コーチを務めました。

そう、モウリーニョは言語が大得意。今ではポルトガル語、イタリア語、スペイン語、カタルーニャ語、英語、フランス語の6つを流暢に操る「**究極のマルチリンガル**」になっています。トッテナムの監督になってからは、ソン・フンミンとの関係を深めるために、**なんと韓国語も勉強中とのこと**。本人は言語についてこう語っています。「私は選手やスタッフとのコミュニケーションをとても重要視している。働く国の言葉を覚えるのは、文化へのリスペクトにも繋がるんだ。選手たちとも、できるだけ**彼らの母国語で話をしてあげたい**と思っている」

これはヤバイ

「エモ語録」が最高

実は僕、以前からモウリーニョが好きなんですよね。一時期はメールアドレスに彼の名前を入れていたほどです（笑）。試合中にメモを取る姿、ゴール後に一瞬だけ大喜びしてすぐ選手に指示を出す姿、ハーフタイムの笛が鳴る前に一足早くロッカールームに下がっていく姿――。すべての振る舞いがカッコいいんです。

それと、彼はコメントもヤバいんです。「**モウリーニョ語録**」の一部をご紹介しましょう。

「傲慢だと思わない欲しい。私はヨーロッパ王者だ。**だからスペシャル・ワンなんだ**」

「自分が世界一だとは思わない。だが、私よりも優れた監督が見当たらないのも事実だ」

「私はコーチだ。ハリー・ポッターではない。サッカーでは魔法なんて使えない」

「ウチの選手たちを批判したいなら、**まずは私を殺してくれ**」

「私は常に勉強している。あなた方（記者）はいつも時代遅れだ」

「正直、率直、明確、野心が、私のサッカー哲学であり人生哲学だ」

「選手だろうが監督だろうが、個人がスターになるべきじゃない。スターになるべきはチームなんだ」

ある意味では傲慢ですが、**それがまたすごくエモーショナルでカッコイイ**。痺れます！

これはヤバイ

「家事スキル」が完全にゼロ

サッカーに情熱を傾けすぎたからでしょうか。モウリーニョは「**家事スキル**」が**完全にゼロ**だそうです。

マンチェスター・ユナイテッド時代（16～18年）は、家族をロンドンに残しての単身赴任だったので、家を借りるのではなく、超高級ホテル『ローリー』のスイートルームに滞在。８９５泊分の**ホテル代は約７５００万円に上った**そうです。高すぎです（笑）。それはともかく、家事について本人はこう告白しているんです。

「掃除も洗濯もアイロンがけも、やりたくないね。どうすればいいのかまるで分からない。料理も苦手だ。目玉焼きを作ることと、ソーセージを焼くことくらいしかできない」

父親が元ポルトガル代表GKで、使用人付きの裕福な家庭に育った彼は**実はおぼっちゃん**。だから家事は苦手みたいです。ただ、現在はトッテナムの拠点ロンドンで家族と暮らしているので、家事の心配はいらないですね。

エヌゴロ・カンテ

N'Golo KANTE

生年月日	1991年3月29日(29歳)	所属クラブ	チェルシー(イングランド)
身長・体重	168cm／70kg	代表・出身	フランス代表
ポジション	守備的MF	推定年俸	750万ポンド

なにがスゴイ?

真面目すぎる「ピッチ上のルンバ」

現代最高の守備的ＭＦ――。それがカンテです。プレッシング、１対１、タックル、インターセプト、そして危険のスペースのカバーと、とにかくディフェンス能力が傑出。いわば「**ピッチ上のルンバ**」で、チームに１人いたら本当に助かるタイプですね。

何よりも目を見張るのが、「**読みの鋭さ**」です。プレーの展開を先読みし、「ここにボールがこぼれてくるんじゃないか」という予測が半端ないですね。だからセカンドボールを含めてイーブンのボールを、高確率でモノにできるんだと思います。

また、**危機察知能力もスゴい**。「カウンターであそこ突かれたらマズいな」という空いたゾーンを常にしっかり埋めます。それによって、ピンチを未然に防いでいるんです！　これはサッカーにおいて、実は**直接的なボール奪取よりも大切な動き**ですね。

性格的には超真面目。レスター時代には「練習場にランニングで通おうかな」と言い出し、チームメイトたちに「お前は普段から俺たちの何倍も走っているんだから、これ以上はやめろ」と止められたそうです（笑）。

これはヤバイ 「倹約家」というより「ケチ」？

カンテはマリからフランスに移民した両親の下、貧しい家庭で育ちました。**幼少期はゴミ拾いをしてリサイクルセンターに運んで小銭を稼ぐ日々**。しかも11歳の時に父親が亡くなり、かなり苦労してきたそうです。

だからカンテは、チェルシーとフランス代表の主力となった今もすごく庶民的。愛車は大衆的な『ミニクーパー』ですし、しかも**超倹約家**として有名なんです。元同僚のウィリアンとダビド・ルイス（ともに現アーセナル）は、こんなエピソードを暴露しています。

「僕らが開店したイタリアン・レストランには、チームメイトがよく来てくれるんだけど、みんな支払いをしてくれなくてさ。とくにカンテがね（笑）。彼に『たまには払ってくれよ』って言うと、『冗談だろ？　君たちは最高に良い人間だ。**だから僕にカネを払えなんて言うはずがない**』なんて始末さ。もうお手上げだよ（笑）」

ここまでくると、「倹約家」というより「**ケチ**」と言うべきでしょうか……。カンテの年俸は約10億円を超えているので、食事代くらいはしっかり払ってほしいですね（笑）。

チアゴ・シウバ

THIAGO SILVA

生年月日	1984年9月22日（36歳）	所属クラブ	チェルシー（イングランド）
身長・体重	183㎝／79kg	代表・出身	ブラジル代表
ポジション	CB	推定年俸	540万ポンド

なにがスゴイ？

威風堂々とした「FW泣かせ」

チアゴ・シウバはすでに36歳ですが、今も世界屈指のCBのひとりです。2020年夏にはパリSGからチェルシーに移籍。そのチェルシーの守備陣は、彼のおかげで**見違えるように安定しました**。さすがですね。

アスリート能力が高いうえ、傑出した読み、リーダーシップ、そして足下のテクニックを兼備。常に安定したパフォーマンスを見せます。

何よりもスゴいのが、**威風堂々とした落ち着き**。常に相手をしっかり見ていて簡単には足を出さず、**逆を取られるケースは稀です**。FWの立場

からすると、すぐに足を出してくるタイプのＤＦはフェイントに引っかかりやすいので楽なんですが、彼のように冷静沈着に対応してくるタイプは本当に嫌ですね。

２０１２年には、所属していたミランが財政難だったため、シウバはパリＳＧに売られてしまいます。同じくその犠牲になったイブラヒモビッチには、「お前が行かないなら、俺は行かないぞ」と言われたとか。あのズラタンも絶大な信頼を置くほど、素晴らしいＣＢなんです！

これはヤバイ

神への祈りと感謝を忘れない

チアゴ・シウバは**敬虔なクリスチャン**（プロテスタント福音派）として有名です。海外のサッカー選手には少なくないですが、中でも彼は筋金入り。ピッチに入る際やゴールを挙げた時、そして試合に勝った後などに、いつも両手の指を天に掲げて神に感謝を捧げています。ちなみに、「チアゴ」という名前は、新約聖書の十二使徒の１人である「**聖ヤコブ（サンチアゴ）**」に由来。敬虔な彼にピッタリの名前ですね。

実はチアゴ・シウバはディナモ・モスクワに所属していた２００５年、**結核**を患っています。一時は命の危機さえもあったという辛い経験を振り返る際も、神への感謝をいつも忘れません。

「人生で最悪の経験だった。担当医からサッカーを辞めなければならないと言われ、自分の人生がここで終わるかもしれないって思うこともあった。でも、何とか病気を乗り越え、ピッチに戻ることができた。家族と医療スタッフ、そして神には感謝してもしきれない」

こうした真摯な姿勢はすごく尊敬できますし、チアゴ・シウバは個人的に応援している選手の１人です。

ジェイミー・ヴァーディー

Jamie VARDY

生年月日	1987年1月11日（34歳）	所属クラブ	レスター（イングランド）
身長・体重	179㎝／74kg	代表・出身	元イングランド代表
ポジション	CF	推定年俸	728万ポンド

なにがスゴイ？

世界最高のラインブレーカー

相手ＤＦラインのギリギリで勝負して裏に抜ける「**ラインブレーカー**」として、ヴァーディーは世界最高峰です。裏抜けのタイミングとスピードが完璧で、オフサイドにならないギリギリで飛び出して**一瞬でトップスピードに乗ります。**

さらに、メンタル面も素晴らしい。裏抜けというのは、５回に１回でもパスが出てくればいいほうなので、ＦＷにとっては根気がすごく大事。だから彼のように**折れないメンタリティー**が重要になりますね。

また、彼はいつも身振り手振りを交えて、「今のタイミングいけたぞ」、「もう少し早くボールをくれ」と仲間に伝えて

います。基本的に受け手のFWにとっては大切なことですね。僕も見習っています。**岡崎慎司**選手との2トップでレスターを**奇跡のプレミアリーグ優勝**に導いた15－16年がピークかと思いきや、19－20年は23ゴールを挙げて**史上最年長の33歳でプレミア得点王に**。試合日は『**レッドブル**』を朝、昼、キックオフ直前と3本も飲むなど、独特のコンディション調整が上手くいっているようです（笑）。

これはヤバイ 喧嘩で逮捕歴も…

ヴァーディーは波乱万丈の人生を送ってきた選手です。

まず15歳の時、幼い頃からファンだったシェフィールド・ウェンズデイのユースを、「**身体が小さい**」という理由でクビになります。このショックは大きく、なんと8か月もボールを蹴らなかったそう。その後、炭素繊維工場で働きながら、**7部リーグ**のセミプロクラブでプレーを続けます。

また、当時は警察沙汰も……。夜の街へ繰り出した時、難聴だった友人が馬鹿にされたのが原因で他のグループと喧嘩になり、**暴行罪で逮捕**されたんです。これで有罪になり、所在がすぐに分かるように足首に電子タグを装着され、夜間の外出なども制限されていました。

それでもヴァーディーはサッカーを諦めず、7部リーグ→5部リーグ→2部リーグ→1部リーグと少しずつステップアップ。プレミアリーグを代表するストライカーにまで上り詰めたんです。ヤバいですよね。

2015年には、昔の自分のような下部リーグで燻る若手にチャンスを与える『**V9アカデミー**』を設立。ここからいつの日か、「第2のヴァーディー」が出てくるかもしれないですね！

アダマ・トラオレ

Adama TRAORE

生年月日	1996年1月25日（24歳）	所属クラブ	ウォルバーハンプトン（イングランド）
身長・体重	178cm／72kg	代表・出身	スペイン代表
ポジション	ウイング、WB	推定年俸	223万ポンド

なにがスゴイ？
肉体がサッカー選手じゃない！

世界的なスターではないですが、トラオレはとっても独特で面白いサイドアタッカーです。

何よりもスゴいのが、重戦車のようなドリブル。**規格外のパワーとスピード**を持っていて、何人いようと弾き飛ばしながら、ゴリゴリと突き進んでいきます。「世界で一番フィジカルなリーグ」と言われるプレミアリーグでも、当たり負けしているのは見た記憶がないですね。このパワフルな突破を生んでいるのが、**ムキムキすぎる肉体**。胸、腕、太腿、ふくらはぎとす

べてが逞しくて、**ほとんどアメフト選手かラグビー選手です（笑）**。実際、走り方もちょっとアメフトっぽいんですよね。

フェイントなどもそこそこ使いますが、テクニックはせいぜい平均レベル。ただ、パワーとスピードだけで何とかしてしまう力強さがありますね。ここ2年ほどの活躍で一気に評価を高め、２０２０年10月にはスペイン代表にもデビュー。いずれビッグクラブに引き抜かれると思うので、覚えておいて損はないマッチョマンです！

これはヤバイ

「筋トレはしない」でムキムキになった!?

トラオレはバルセロナのカンテラ出身なんですが、当時の写真を見ると別人かのように細身。だから「イングランドに渡って筋トレして鍛えた」と言われていたんですが、本人が２０２０年10月にこう否定しています。

「ジムワークは個人トレーナーのプログラムに従ってやっている。ただ、**ウエイトトレーニングはしないんだ**。コアマッスルとかはするけどね。自分の遺伝子が筋肉をとても早く成長させてくれるのさ。あとは食事のバランスにも、すごく気を遣っているよ」

ウエイトトレーニングなしであの筋肉……。正直ちょっと信じられませんが、本人がそう言っているので、そういうことにしておきましょう（笑）。

ちなみに、トラオレはとにかくドリブル突破を繰り返すため、敵に腕を掴まれて**肩を脱臼**したことも。だから最近は**腕にベビーオイルを塗ってヌルヌルにし**、掴まれにくくしています。ルール的にギリギリの対策ですが、いずれにしてもトラオレの腕はいつもテカテカに光っています！

ピエール=エメリク・オーバメヤン

Pierre-Emerick AUBAMEYANG

生年月日	1989年6月18日(31歳)	所属クラブ	アーセナル(イングランド)
身長・体重	187cm／80kg	代表・出身	ガボン代表
ポジション	ウイング、CF	推定年俸	1040万ポンド

なにがスゴイ?

オーバメヤンは、「**スピードスター**」という形容詞が実によく似合うFWですね。

ドルトムント時代には、30メートル走で3・7秒を記録。これはウサイン・ボルトが世界記録をマークした際の最初の30メートルよりも、0・08秒速かったとか。

とはいえ、「ただ速い」だけではトップレベルでゴールを奪えないですし、ビッグクラブのエースにはなれません。彼の真骨頂はむしろ、「**駆け引きの妙**」にあります。相手のマークをスッと外すのが非常に上手くて、とくに**ダイア**

ゴナル（斜めの動き）の裏抜けは絶品。同じＦＷとしてあの動き出しは本当に勉強になりますね。

さらに仕掛けからのフィニッシュも鋭くて、とりわけ左からカットインしてファーサイドに巻くように蹴るシュートが最高。かつてのアーセナルのエース、**ティエリ・アンリ**も得意だったパターンですが、オーバメヤンもお手本のように美しいですね。必見です！

これはヤバイ

親子揃ってヤンチャな性格！

オーバメヤンはなかなかのヤンチャで、以前は『バッドマン』や『スパイダーマン』、『ブラックパンサー』のマスクをかぶる**ゴール・セレブレーション**をしていました。ただ、これは最近のサッカー界だとイエローカードや罰金の対象にもなってしまうので、披露する機会が減っています。ちょっと残念ですね。

ちなみに、オーバメヤンの父親はさらにヤンチャ。父ピエール＝フランソワは元ガボン代表ＭＦで、以前はミランのスカウトなども務めていましたが、現在は息子の代理人を担っています。エージェント手当てに加え、息子の稼ぎにも手を出し、**女性をはべらせて豪遊生活している**という噂も……。

でも、オーバメヤンはそんな父親を慕っていて、「（国籍を持っている）フランスやスペインの代表でプレーすることもできたけど、僕は父が歩んだ道のりを追いかけたかったんだ。父がかつてキャプテンマークを巻いた**ガボン代表で戦いたかった**」と語っています。深い親子愛を感じさせますね。

ちなみに、この父親はテレビ東京の人気番組『**ＹＯＵは何しに日本へ？**』に出演経験も。２０１９年くらいだったと思うんですが、ボーっとテレビを観ていたらいきなり出てきたので、ビックリしました（笑）。

メスト・エジル

Mesut ÖZIL

生年月日	1988年10月15日（32歳）	所属クラブ	アーセナル（イングランド）
身長・体重	180㎝／71kg	代表・出身	元ドイツ代表
ポジション	トップ下	推定年俸	1820万ポンド

なにがスゴイ？ 古き良き時代の10番

メスト・エジルは、いわば「**魔法使い**」ですね。

左足から繰り出すボールは独特で、一見すると何気ないパスも「**攻撃のスイッチ**」になるし、ゴールに直結します。とくにスルーパスはまさに針の穴を通すほど正確無比。FWとして「一度は受けてみたいパス」の1つです。**パス1本であれだけ観ている人をワクワクさせてくれる選手**は、なかなかいないですよね。まさに「古き良き時代の10番」といった印象です。

また、シュートのミートポイントがすごく独特。ボールの真ん中や下を蹴るのが定石ですが、エジルは**あえて上を叩く**んです。ボールがワンバウンドするので、相手のDFやGKはタイミングを外されてしまいます。難易度的には5つ星。あんなシュートを試合でやるのは、世界広しといえどもエジルだけでしょう。

これはヤバイ 中国批判が原因で干された？

エジルは性格的に良くも悪くもストレートすぎて、キャリアを通じて**物議を醸す言動**が少なくありません。

彼は**トルコ移民の子供**で、2018年には「独裁すぎる」として欧米諸国から批判を浴びているトルコのレジェップ・タイイップ・エルドアン大統領と会談。ドイツのサッカー連盟や政府が遺憾の意を表したりもしました。にもかかわらず、翌年の自身の結婚式にも大統領夫妻を招き、再び波紋を呼びましたね。

さらに、2019年12月にはSNSでやらかします。自分と同じ**イスラム教徒**の多い新疆ウイグル自治区を迫害しているとされる、中国を批判したんです。

「中国の圧政者たちは聖職者たちを殺し、大勢の人々が強制収容所に送られている」

これには中国政府が大激怒。アーセナルは複数の**中国企業をスポンサー**に抱え、現地でレストランなども展開しているので、クラブのビジネス的にエジルの発言は痛恨でした。

この一件が原因で、エジルはアーセナルで干されているという憶測もあります(20年3月7日を最後に公式戦出場なし)。エジル自身も「正義のために非人道的な不誠実に立ち向かっていく」という意味深な声明を出しています。たしかにチーム一の高給取り、つまりチーム最大のスターが戦力外になるなんて、ちょっと不思議ですよね。すごく残念です……。

ハメス・ロドリゲス

JAMES RODRIGUEZ

生年月日	1991年7月12日(29歳)	所属クラブ	エバートン(イングランド)
身長・体重	180㎝／75kg	代表・出身	コロンビア代表
ポジション	トップ下、ウイング	推定年俸	468万ポンド

なにがスゴイ?

エバートンで復活した「王様」

ハメスは非常に**「サッカーIQ」の高い司令塔です**。左足のテクニック、パスやシュートの精度はもちろん、僕がいつも驚かされるのは**プレービジョン**なんです。

例えば、右サイドに敵味方が集まっていれば、空いている左サイドを攻めるのがセオリー。しかしハメスはそういう時でも、右サイドに狭いスペースを見つけ出し、決定機を作り出してしまうんです。**今どこを突くのが一番チャンスになるかー**。プレービジョンに優れた彼は、それが誰よりも分かっているんですよね。

だからハメスは**ボールが集まれば集まるほど輝くタイプ**で、コロンビア代表では常に上手くいっています。ただ、かつて所属したレアル・マドリーやバイエルンは、超トップレベルの集団だったので「王様」になれず……。しかし、2020年夏に移籍した**エバートン**は違います。チーム全体に「ハメスがボールを持ったらとにかく動こう」という意識が徹底されているので、彼の能力が存分に発揮されています。良いチームに入りましたね。

これはヤバイ

チームメイトの妹と離婚!

ハメスは目がキラキラした**超イケメン**なので、もちろん女性にモテモテ。大ブレイクした2014年ワールドカップの後は日本でも人気が高まり、乃木坂46の生田絵梨花さんも「**人生で初めてカッコイイと思えたお顔。パーフェクトです**」と語っていたほどです。

そんなハメスですが、まだ20歳だった2011年にバレーボール選手のダニエラ・オスピナさんと結婚。娘を授かったのですが、2017年に離婚しています。

この時に僕は、「代表チームで気まずくないのかな……?」とちょっと心配しました。なぜならダニエラさんは、**コロンビア代表の守護神ダビド・オスピナ**（ナポリ在籍）**の妹**だからです！　ただ、円満離婚だったこともありハメスとオスピナの関係は良好なようで、試合では普通に話したり、ハグしたりします。余計な心配でしたね（笑）。

ちなみに、離婚後のハメスはベネズエラ出身で美人モデルのシャノン・デ・リマさんとの交際が噂されていましたが、どうやらすでに別れた模様。2019年11月には息子が誕生したことをSNSで報告していますが、母親は公表されていません。

世界中の「ハメス好き女子」たちは今、彼の新恋人の座を狙って色めき立っているかもしれないですね！

カルロ・アンチェロッティ

Carlo ANCELOTTI

生年月日	1959年6月10日(61歳)
指揮クラブ	エバートン(イングランド)
国籍	イタリア

なにがスゴイ?

度重なる無茶ぶりに応える

アンチェロッティは「**バランス型監督**」のいわば**究極系**です。

これまで指揮してきたミラン、チェルシー、パリSG、レアル・マドリー、バイエルンというビッグクラブは、いずれも当時はトップダウン型。簡単に言うと、オーナーや会長、強化担当者などが「この選手すごいから獲ってきたよ。あとはよろしくね」って感じで、監督に無茶ぶりしてくるクラブです。

例えば01～09年に率いたミランでは、会長だった**シルビオ・ベルルスコーニ**がとにかく派手好きだったので、カカ、リバウド、ルイ・コスタ、セードルフ、ピルロなどテクニシャン系のトップ下ばかりがチームにいました。すごくバランスの悪い陣容でしたし、彼らの中から1人でも多く起用し、しかも勝たなければ、オーナーに怒られる……。もうムチャクチャな話です(笑)。でも、アンチェロッティはピルロを**レジスタ**(司令塔)、セードルフをインサイドハーフに抜擢するなどして会長を満足させ、さらにチャンピオンズリーグ制覇2回など数々のタイトルをもたらしました。とくにピルロは後に「世界最高峰のレジスタ」にまで成長。**まさに歴史に残るコンバートでしたね**。

他のクラブでも似たような形で、数々のトロフィーを獲得。システムも戦術も柔軟ですし、選手の長所と短所を見極めてチームに落とし込む手腕は今でも世界屈指ですね。

どこでもノリノリでカラオケ熱唱！

彼は「カラオケ」が大好きなことで知られています。ミランやチェルシー、マドリーの**優勝セレモニー**では、クラブの応援歌やその国の代表曲を熱唱。自信満々の表情でマイクを握っていたので、きっと普段からかなり歌い込んでいると思います（笑）。

欧州では、新加入選手が初ディナーなどの場で自国の有名曲を披露する文化があります。最近も久保建英くんや武藤嘉紀くんが「**ドラえもん**」の歌を披露していました。その中でアンチェロッティもナポリ時代に独唱。監督さんが歌うなんて初めて聞きましたし、直後の記者会見で「**カラオケは誰が一番上手かったか？私だね**」と答えていたのも笑いました！

マルセロ・ビエルサ

Marcelo BIELSA

生年月日	1955年7月21日（65歳）
指揮クラブ	リーズ（イングランド）
国籍	アルゼンチン

現代サッカー界における「**戦術の神**」。それがビエルサです。ボールポゼッションに基づくゲーム支配、ダイナミックにスペースを突くスピード豊かな攻撃、アグレッシブなプレスを軸とした守備、そして失点を許容してでも得点を目指す超前向きなマインド。彼が30年前から追求してきたこれらのファクターは、**今やモダンフットボールの最先端となっています**。

これまで指揮してきたチームにもいわゆるビッグクラブは皆無で、ビッグタイトルもアルゼンチン代表時代の**2004年アテネ・オリン**

ピックにおける金メダルくらいです。それでもサッカー界では誰からも崇拝されており、あのクロップやメッシなども尊敬するほどの人。とくに監督になる前にその元を訪れ、7時間にも及ぶ話を全て書き留めたと言われるグアルディオラはかなり心酔しており、最近もこう評しています。

「**ビエルサは私がサッカー界で最も尊敬している人物だ**。監督としても、人間としても、他に類を見ない」

今や「世界最高の監督」と謳われるグアルディオラがここまで言うなんて、ビエルサ、スゴすぎます！

これはヤバイ

48時間で辞任も！サッカー界随一の変人

ビエルサの愛称は「エル・ロコ」。スペイン語で**「変人」や「狂人」という意味です**。彼は突出した戦術マニアにして分析マニアで、時間の許す限りモニターにかじり付き、自チームや対戦相手を分析しているそうです。

２００６年のワールドカップでは、出場32チームすべてのプレースタイルや特徴を徹底分析。この時の彼はフリーランスの状態で、この研究はいわば「**後学のため**」だったわけです。いや〜、信じられないですね。

エル・ロコと呼ばれる所以のもうひとつが、試合中の観戦スタイル。ベンチ前に**クーラーボックス**を置いて、その上に腰掛けているんです。本人は「より良い視野を確保するためだ」と説明していますが、視線を下げるとむしろ視野が狭くなると思うんですが……。やっぱり常識の通用しない方ですね（笑）。

また、一切の妥協を許さない性格なので、クラブ幹部らとの衝突もしばしば。だから、1つのクラブを率いるのは最長で2シーズン。16年のラツィオでは**なんと48時間で辞任**しています。現在の**リーズ**ではキャリアハイの3シーズン目に突入中ですが、いつまた癇癪を起こすか分かりません。今のうちにリーズを観ておきましょう！

「個」だけでなく「組織」もハイレベル

ラ・リーガは「個」のイメージが強いと思いますが、実は「組織」もハイレベル。後方からのビルドアップはすごく綿密ですし、プレッシングのやり方なども細かく仕込まれているチームが目立ちます。レアル・マドリーやバルセロナなど傑出したクラブを除けば、相手に合わせた戦い方も一般的で、戦術的な対応力の高いプレーヤーも非常に多いですね。

「2強の支配」が続いたが今シーズンは…

レアル・マドリーとバルセロナがラ・リーガの絶対的な「2強」で、過去20年は両クラブで17回も優勝しています。ただ、2020－2021シーズンは様相が違っていて、レアル・ソシエダ、アトレティコ・マドリー、ビジャレアルなどが健闘。覇権争いが例年以上に混沌としており、7年ぶりに2強以外からチャンピオンが生まれるかもしれない展開に。要注目ですね。

2020-2021チーム一覧

- レアル・マドリー
- バルセロナ
- アトレティコ・マドリー
- セビージャ
- ビジャレアル
- レアル・ソシエダ
- グラナダ
- ヘタフェ
- バレンシア
- オサスナ
- アスレティック・ビルバオ
- レバンテ
- バリャドリー
- エイバル
- ベティス
- アラベス
- セルタ
- ウエスカ
- カディス
- エルチェ

PART 3

＝ラ・リ

1

テクニカルなサッカーの代表的リーグ！

ラ・リーガの最大の特長はずばりテクニック。どのポジションの選手もボールコントロールが超ハイレベルです。だから最終ラインから丁寧にパスを繋ぐ、ポゼッションサッカーを志向するチームが多いですね。プレミアリーグと比べれば試合のテンポがゆっくりで、遅攻 vs 遅攻のような展開が多いので、テクニカルなサッカーを観たい人にはおススメです!

歴代
優勝回数
ランキング

1位	レアル・マドリー	34回
2位	バルセロナ	26回
3位	アトレティコ・マドリー	10回
4位	アスレティック・ビルバオ	8回
5位	バレンシア	6回

セルヒオ・ラモス

SERGIO RAMOS

生年月日	1986年3月30日（34歳）	所属クラブ	レアル・マドリー（スペイン）
身長・体重	184cm／82kg	代表・出身	スペイン代表
ポジション	CB	推定年俸	1200万ユーロ

なにがスゴイ？

狡猾すぎるクラッシャー

ＦＷからすれば「**最も戦いたくないＣＢ**」。狡猾さという意味では、セルヒオ・ラモスが一番だと思います。

フィジカル、テクニック、状況判断とすべてがトップレベルなうえ、とにかく**駆け引きが図抜けて上手い**。例えば、競り合いで先に身体を当てて相手の態勢を崩したり、腕を絡ませて倒れてみたり、タックルで足ごと刈ったりと、ファウルすれすれの際どいことを平気な顔でやる**クラッシャー**です。

２０１８年5月のチャンピオンズリーグ決勝では、腕を絡ませて倒れてリバプールのサラーを負傷退場に追い込みました。

「**相手を故意に傷つけたことなんて一度もない**」って言葉は本当だと思いますが、ある程度

の計算はあるはず。ただ、それは**プロサッカーの世界ではお互いさま**なので、個人的にはそこまで悪い印象はないですね。味方にしたらめちゃめちゃ最高ですが、敵にしたらめちゃめちゃ嫌なタイプだと思います（笑）。

さらにＣＢながらゴールセンスもあって、２０２０年11月にはレアル・マドリーで公式戦通算１００ゴールを達成。10代からレギュラーとは言え、ＤＦとは思えない得点数です！

これはヤバイ

年俸アップのための駆け引きも達人

Ｓ・ラモスはピッチ内のみならず、**ピッチ外でも狡猾**です。２０２０年4月、元ミラン副会長の**アドリアーノ・ガッリアーニ**が、２０１５年頃のエピソードを明かしています。

ガッリアーニはアンチェロッティ監督やマドリーの幹部と、レストランに昼食に行ったとのこと。すると、Ｓ・ラモスが近づいてきたそうです。

「ラモスに『チアゴ・シウバがミランにいた時、どのくらい稼いでいたんだい？』って聞かれてね。私が金額を教えると、彼は『僕はちょうどその金額を会長に頼んでいたんだ。ありがとう』って言っていた。彼はこの情報を使って、希望のサラリーを勝ち取ることができたのさ」

つまり、Ｓ・ラモスはマドリーとの交渉の場で「**俺はチアゴ・シウバと同格だから、同じサラリーをもらうべきだ**」と主張し、見事に年俸アップを勝ち取ったわけです。素晴らしい交渉術ですね（笑）。

ちなみに、その数年後にガッリアーニは、イビサ島のレストランで偶然にＳ・ラモスと再会。「私に挨拶をし、ハグしてくれた。食事を終えて会計に行くと、すでに彼が支払ってくれていたよ」とのこと。粋な男ですね！

エデン・アザール

Eden HAZARD

生年月日	1991年1月7日（30歳）	所属クラブ	レアル・マドリー（スペイン）
身長・体重	175cm／74kg	代表・出身	ベルギー代表
ポジション	ウイング、セカンドトップ	推定年俸	1100万ユーロ

なにがスゴイ？

ドリブルの初動はボールを股下に

アザールは当代屈指のドリブラーですね。

アザールのドリブルには特長が2つあります。まず、**重心がものすごく低い**。だから常にボディーバランスが良いし、相手にチャージされても軸がまったくブレないですね。

もうひとつが、初動の段階では**ボールをほぼ股下に置いていること**。普通はボールを足先に置くので少し身体から離れるんですが、アザールはボールが股下にあるので身体と一緒に動いているイメージです。だから敵

スピード違反、交通事故、免停中の運転、そしてカーチェイス疑惑などトラブルが絶えません。そして、2015年11月にはとんでもない事件が勃発。なんと、フランス代表の同僚であるマテュー・ヴァルビュエナ（現オリンピアコス所属）を恐喝したとして、**警察に逮捕**されたんです。

ヴァルビュエナはパートナーとの性行為ビデオが携帯電話から盗み取られ、それを元に犯罪グループから恐喝されていたとのこと。彼に対してベンゼマは「**問題を解決してくれる俺の幼馴染を紹介してやろうか？**」と茶化しながら言ったそうですが、ヴァルビュエナはこれを金銭目的の仲介、つまり**さらなる脅迫**と受け止めたんです。

この事件はフランスの大統領や首相が「恥ずべき行為」と語るなど、政府を巻き込む大騒動に発展。そのためベンゼマは**代表チームから追放**されてしまいました。

その後、裁判でベンゼマの無罪が確定。しかし、2020年末時点でフランス代表復帰は叶っておらず、最近は本人も諦めに近い発言を繰り返しています。実力は超一級品だけに、とても残念ですね……。

ルカ・モドリッチ

Luka MODRIC

生年月日	1985年9月9日（35歳）	所属クラブ	レアル・マドリー（スペイン）
身長・体重	172cm／66kg	代表・出身	クロアチア代表
ポジション	攻撃的MF	推定年俸	1300万ユーロ

なにがスゴイ？ お手本になる「止める・蹴る」の名手

35歳になった今もワールドクラスのMFの1人ですね。いつも観ていて関心させられるのが、「**止める・蹴る**」という技術の正確さ。サッカーにおける基本中の基本ですが、モドリッチはこの点を本当に極めていると思います。

172センチ・66キロと小柄で細身でもトップレベルで違いを作り出せているのは、**トラップが半端ないほど正確だから**。あれだけ良い位置にボールを止められると**相手は飛び込めない**ですし、実際に彼はボールロストが極めて少ないです。

キックはインサイドやインステップに加えて、さらに**アウトサイドも自由自在**。あれだけアウトサイドキックを使う選手は珍しいです。

２０２０年10月のクラシコでは、見事なトラップとフェイントで敵ＧＫとＤＦを翻弄し、右足のアウトサイドキックでゴール。その特長が凝縮されたゴラッソでした。**体型的には日本人と大差ない**ですし、「止める・蹴る」は練習でいくらでもレベルアップ可能。日本の子供たちに是非とも参考にしてほしい選手の１人です。

これはヤバイ

バロンドール受賞を予言したのは？

サッカー界で最高峰の個人賞である**バロンドール**は、２００８年から10回連続でメッシかＣ・ロナウドが受賞。２０１８年、その牙城をついに崩したのがモドリッチでした。マドリーでチャンピオンズリーグ３連覇、クロアチア代表でロシア・ワールドカップ準優勝に貢献した同年の活躍は、たしかに素晴らしかったです。ただ、モドリッチがバロンドールを受賞するなんて、数年前にはほとんど考えられなかったことです。

でもなんと、**１人だけそれを〝予言〟していた人がいたんです！**　受賞時に本人がこう語っています。

「**ジダン**がマドリーの監督になった２０１６年１月のことだ。ある日の練習後、彼は僕の特長や期待することを話してくれた。そして、『**君はバロンドールを勝ち取れる選手だ**。もっとピッチで自分を表現しなさい』って言ってくれたんだ。ずっと尊敬していたジダンにそんなことを言われて、気持ちが高まったよ。僕の成長を助けてくれた言葉だった」

いや〜、震えるエピソードです。モドリッチもジダンも最高にカッコイイ！

アントワーヌ・グリエーズマン

Antoine GRIEZMANN

生年月日	1991年3月21日（29歳）	所属クラブ	バルセロナ（スペイン）
身長・体重	176cm／73kg	代表・出身	フランス代表
ポジション	ウイング、セカンドトップ	推定年俸	2110万ユーロ

IQの高い嫌らしいポジショニング

グリエーズマンは、傑出したクイックネスやアジリティー、左足のテクニックも光りますが、とくに際立っているのが**戦術センス**と**サッカーIQ**ですね。

それを何よりも証明するのが、ポジショニングの良さ。ハーフスペースや敵2ライン（DFとMF）間、CBとSBの間など、常に相手がマークの付きにくい**嫌らしい位置にポジションを取ります**。そこでボールを受けて攻撃に変化を付ける、もしくは動き出しで裏のスペースにボールを引き出してフィニッシュする形が十八番ですね。

ポジション的にはセカンドトップからトップ下、ウイングで機能し、レフティーなので逆足になる右サイドがとくに得意。フランス代表ではよく中央から右サイドに流れ、決定的な場面を作り出しています。

これは
ヤバイ

ベッカムが異常なまでに好きすぎる！

ただ、バルセロナには同じく右ハーフスペースが大好きなメッシがいるので、彼とちょっと「**足を踏み合う**」状況に。また、頭脳的な選手ゆえに、メッシとのバランスを必要以上に考えすぎ、持ち味が活きていない印象があります。本来の姿が早く見たいです！

グリエーズマンは超が付く「**ベッカム・マニア**」。憧れの元イングランド代表MFについて、こう語っています。

「ベッカムはサッカー界で真のポップスターだった。僕の絶対的なロールモデルなんだ。一緒にプレーしたかった唯一のレジェンドだね。ピッチの中でも外でも常に完璧で、絶対的なカリスマ性を備えていた。**僕がいつも7番なのは、彼に敬意を表してのことさ。いつも長袖を着ているの**も、彼のようになりたいからだよ」

かなりの崇拝ぶりですよね。たしかにグリエーズマンはフランス代表とアトレティコ・マドリーでベッカムの代名詞だった7番を背負い、バルサでも20－21シーズンからナンバー7に変更しています。

ベッカムはタトゥーを入れすぎた腕を隠すために長袖を着ていましたが、グリエーズマンはこれもフォロー。気温が高い日でも長袖なので、**暑いのも我慢しているようです（笑）**

2020年に入って以降は、ベッカムが共同オーナーを務めるアメリカのインテル・マイアミが、将来的なグリエーズマン獲得を狙っているという噂もチラホラ。いつか実現しても不思議ではない話ですね。

アンス・ファティ

ANSU FATI

生年月日	2002年10月31日（18歳）	所属クラブ	バルセロナ（スペイン）
身長・体重	178cm／75kg	代表・出身	スペイン代表
ポジション	ウイング、CF	推定年俸	250万ユーロ

なにがスゴイ?

クオリティーもメンタルも怪物

アンス・ファティは、日本で言えば高校2年生でバルセロナのトップチームにデビューし、高校3年生の20-21シーズンはレギュラーに。2020年10月に**18歳**になったばかりです。ちょっと信じられないですね。

正確なボールタッチ、鋭いクイックネス、そして両足の正確なシュートなどを装備。**個のクオリティーはこの年代だとモノが違います！** さらに、狭い局面ではワンツーなどコンビネーションプレーでもしっかり機能。バルサは伝統的に**スモールスペース**での連携を重視するチームなので、この点はとても大事ですね。あ**メンタル的にも怪物だと思います**。

の歳にして、天下のバルサで平然とプレーできる選手は本当に一握り。僕もヴェルディ・ユース時代にトップチームの練習に初めて参加した時は、正直言うと「やっぱりプロは違うな……」と面食らいました。

でも、アンス・ファティはそうした物怖じしたところが一切ないですね。このまま順調に成長すれば、世界最高峰のＦＷに上り詰めるかもしれない楽しみな選手です！

これはヤバイ いたずら好きで久保も怒った⁉

10歳でバルサの**カンテラ**に入団したアンス・ファティは、11～14歳の頃に1つ年上の**久保建英**くんとも一緒にプレー。２人は絶妙な連携を見せていたそうで、13～14歳のカテゴリー時代の指導者は、「タケ（久保）とアンスが揃って出場する試合の勝敗は、もはやキックオフの前から決まっていたんだ。まさにやりたい放題だったよ」と振り返っています。

でも、２人は性格的に真逆だったそうで、「アンスは根っからのいたずらっ子で、どうやったら冷静なタケを怒らせられるか、いつも探りを入れていたね。でもタケはからかわれても平然と受け流し、しまいには冗談で返していたほどだ」とクラブ関係者は証言しています。

その後、彼はカンテラ内で飛び級をしまくり、クラブ史上2位の若さである16歳２９８日で**トップデビュー**。さらにクラブ史上1位の16歳３０４日で**初ゴール**、そして17歳40日でチャンピオンズリーグ**最年少得点記録**まで更新します。さらにスペイン代表でも、２０２０年9月に同国最年少の17歳３１１日で**初ゴール**を挙げています。

まさに「**レコード・ブレーカー**」のアンス・ファンティ。本当にヤバイ選手です！

フレンキー・デヨング

Frenkie DE JONG

生年月日	1997年5月12日（23歳）	所属クラブ	バルセロナ（スペイン）
身長・体重	180cm／74kg	代表・出身	オランダ代表
ポジション	セントラルMF	推定年俸	1600万ユーロ

傑出した持ち上がりとターン

デヨングはアヤックスで台頭し、2019年夏にはそのオランダの名門と歴史的に**所縁の深いバルセロナ**に加入しました。何よりもスゴいのが、推進力に溢れた**持ち運びのドリブルと華麗なターン**です。

中央のMFが自陣の深い位置でボールを奪った時、普通は縦や横のパスを狙います。でも彼は、ドリブルでグイグイと持ち上がれるんです。20〜30メートルは平気で前進できるので、その間にチームは全体を押し上げられるという利点が生まれます。

ターンはとくに、後方からきたボールの処理が極上。相手を背負いながら繊細なタッチとボディーフェイントを使いながら回転し、**あっという間に前を向きます**。普通は後ろや横へのパスに逃げる局面なので、リスクの高いプレーですが、そこで前が向けるのは数的に優位な状況に変わるので、チームにとっては本当に大きい。このターンに関しては、チアゴ・アルカンタラ（リバプール）と並んで**世界最高レベル**ですね。

これはヤバイ

持久力がオリンピック級！

バルサではまだ適応途上の印象ですが、遠からず絶対的な主力になるでしょう！

180センチ・74キロとやや華奢なデヨングですが、実は非常に**アスリート能力の高いプレーヤー**でもあります。

最近のヨーロッパサッカーでは、試合はもちろんトレーニング中からGPSなどを用いてフィジカル面のスタッツを記録。バルサもそうなんですが、いつもデヨングがとんでもない数字を叩き出し続けているそうです。

とくに**持久力**と**回復力**が驚異的で、傑出した有酸素運動能力があるとのこと。あるクラブスタッフはこう明かしています。

「デヨングは総合的なアスリート能力が非常に優れている。**中距離走ならオリンピックにも出られるレベルだ**。一見するとそうは見えないだろうが、フィジカル・ビーストなのさ」

たしかに試合を観ていると、デヨングはいつも最後までパフォーマンスレベルが落ちません。それにしてもオリンピック・アスリート級の持久力&回復力とは驚きです！

現代サッカーはテクニック面だけでなく、フィジカル面も非常に大事。その両面を併せ持つデヨングは、まさに**モダンフットボールの申し子**と言えるかもしれないですね。

所縁の深いアヤックスとバルセロナ

ヨハン・クライフをキッカケに両クラブは理念を共有し、歴史的にアヤックスからバルサへの移籍はとても多い。20年夏にはDFデストも続いた。

ルイス・スアレス

Luis SUAREZ

生年月日	1987年1月24日（33歳）	所属クラブ	アトレティコ・マドリー（スペイン）
身長・体重	182cm／83kg	代表・出身	ウルグアイ代表
ポジション	CF	推定年俸	600万ユーロ

なにがスゴイ？

貪欲すぎる野性のストライカー

「勝ちたい」、「点が取りたい」。フットボーラーなら誰もがそう思うものですが、スアレスほどこの欲求が高いストライカーはいないと思います。**貪欲さと勝利への執着心**が、アクションの一つひとつに滲み出ていますね。

とはいえ、もちろんそれだけでは世界的な点取り屋にはなれません。スアレスは**駆け引きやインテリジェンス**にも優れているんです。プレーの展開を常に正し

く読み取り、90分間を通じてゴールに直結する動きを見せます。

同じFWとしてとくに参考していたのが、**オフサイドラインの破り方**。一度オフサイドの位置に動いて**敵の視線を自分ではなくボールに向けさせ**、パスが来る直前にオンサイドに戻って、再び一気に裏に抜け出すという動きです。少しでもタイミングを間違うと、もちろんオフサイド。めちゃめちゃ難しいプレーです。スアレスにように野性的な勘、そしてワールドクラスのクイックネスとアジリティーを備えていないと、不可能ですね。もう33歳になりましたが、あと数年はゴールを重ねてくれそうですね!

なにがスゴイ?

歴代最高の「メッシの相棒」

スアレスは2014年7月~2020年8月までバルセロナで活躍。とくに印象深いのが、メッシ、スアレス、ネイマールの頭文字を取って、「**MSN**」と名付けられたスーパートリオでした。14~17年のこの「MSN」は、レアル・マドリーの「BBC」(ベイル、ベンゼマ、C・ロナウド)と並び、少なくともここ20年では最強の3トップだったと思います。メッシが万能、スアレスがフィニッシャー、ネイマールがドリブラーとみんなタイプが異なり、戦術的にはバランスがすごく良かったですよね。

ただ、何よりも〝**波長が合った**〟のが大きかったはず。サッカーをやっていると、「何か知らないけど、彼とはやりやすいな、楽しいな」って思える仲間に出会えることが稀にあるんです(僕は柏時代の北嶋秀朗さんと波長が合いました)。この3人は全員がそんな感覚を持っていて、だからこそ絶妙な連携が可能だった気がします。とくにメッシとはプライベートでも家族ぐるみで付き合う親友になったことを含めて、スアレスは間違いなく歴代最高の「**メッシの相棒**」でした！

これはヤバイ

「噛み付き事件」を3回も…

スアレスはサッカー史上でもおそらく唯一の〝悪癖〟を持つ選手です。試合中に相手選手を「**ガブリ**」**と噛んでしまう事件**を、なんと**3回**も起こしているんです……。

最初はアヤックス時代にPSV戦のオトマン・バッカルの**左肩**に噛み付きました。2回目はリバプール時代にチェルシーのブラニスラフ・イバノビッチの**腕**をガブリとやっています。そして、3回目が2014年ワールドカップのイタリア戦。ジョルジョ・キエッリーニの**左肩**に牙をむきました。

この噛み付き事件のペナルティーで受けた出場停止処分は、なんと合計で

39試合。クラブレベルの国内リーグだと実に**1シーズン以上に相当します**。ヤバすぎますよね……。この悪癖について彼は、自伝でこう語っています。

「イライラが溜まった末の衝動的な行為に過ぎない。でも、実際には**無害に近い行為**なんだ。サッカーには危険なタックル、殴打、頭突きなどより危険なものがたくさんある。そっちのほうが悪質じゃないか？」

いわば開き直っているわけですが、いずれにしても試合中に噛み付き行為なんて言語道断ですね。

これはヤバイ

本当に「悪童」なのか？

彼は噛み付きの他にも、人種差別発言、明らかに故意のハンド、そしてシミュレーション行為の肯定など物議を醸す言動が多いので、「**悪童**」のレッテルが貼られています。でも、「**ピッチ内では悪いやつでも、ピッチ外では良いやつ**」という選手はJリーグにもよくいましたし、スアレスもそのタイプなんじゃないかなと思います。

生い立ちは壮絶です。9歳の時には両親が離婚し、11歳の頃から家計のために自動車整備工場で働いたそうです。本人は当時を「家には足りないものだらけだったが、必ず一皿の食事はあった。俺はその一皿を手にするためにやったことを誇りにしている。**サッカーを続けるための犠牲でもあった**」と振り返っています。

奥様であるソフィア・バルビさんとのストーリーも泣けます。ウルグアイ時代に交際を始め、**20キロの山道を歩いて**彼女に会いに行ったことも。15歳の時にソフィアさんが両親の仕事の都合でバルセロナに移住すると、1年後には70ドルだけを握りしめて海を渡ったそうです。2014年にリバプールからバルサに移籍したのも、ソフィアさんを**ご両親の近くで生活させたかったた**からでした。すごく真っすぐで、ピュアな男ですよね。

ジョアン・フェリックス

JOÃO FELIX

生年月日	1999年11月10日（21歳）	所属クラブ	アトレティコ・マドリー（スペイン）
身長・体重	181㎝／72kg	代表・出身	ポルトガル代表
ポジション	セカンドトップ、ウイング	推定年俸	720万ユーロ

なにがスゴイ？

未来のバロンドール候補

２０１９年夏、ベンフィカからアトレティコ・マドリーに１億２６００万ユーロで引き抜かれた超逸材。この移籍金は10代だとエムバペに次ぐ史上２位の高額です。技術と創造性、そして縦の推進力を兼備したセカンドトップで、サイズも含めてちょっとカカ（元ブラジル代表ＭＦ）を彷彿とさせますね。

最大の特長は、**コーディネーションの良さ**。身体の動きが極めてスムーズで、初速や瞬発力にも恵まれているので、素早いステップで瞬く間に相手を抜き去ります。２、３人の合間をぬって抜け出すシーンもよく見ますね。

Ｊ・フェリックスのもう１つの武器が、**戦術的なクオリティー**。いわゆる「**3人目の動き**」の質が高く、常に足が動いているのでクロスやこぼれ球に反応でき、さらにゴール前ではパスとシュートの使い分けがしっかりできる。21歳とは思えない戦術センスです。

最近は、課題の決定力にも磨きがかかっていて、いずれ**バロンドール争い**にも名乗り上げるはずです！

これはヤバイ

SNSにヌード写真が送られてくる！

彼が母国ポルトガルで「**C・ロナウドの後継者**」と謳われているのは、プレースタイルというよりもスター性の高さゆえ。大先輩に負けず劣らず、かなりのイケメンですからね。ベンフィカで台頭中だった19年3月には、こんな驚きの告白をしています。

「SNSでは女の子たちからのコンタクトが多い。ダイレクトメールで**ヌード写真が送られてくる**こともある。いつもお断りしているけどね。ガールフレンドは今いないよ」

この発言の約半年後には、**マルガリーダ・コルセイロ**さんとの交際が公に。3歳下のポルトガル人モデルなんですが、とてつもなくキュートでセクシーです！　いや〜、あの娘はさすがのフェリックスもおとされますね。個人的にはサッカー選手のパートナーでいま一番好きですし、インスタもしっかりフォローしています（笑）。

まさに**美男美女のカップル**なので、こちらの恋の行方も気になります。

ディエゴ・シメオネ

Diego SIMEONE

生年月日	1970年4月28日（50歳）
指揮クラブ	アトレティコ・マドリー（スペイン）
国籍	アルゼンチン

なにがスゴイ?

アトレティコで世界一稼ぐ監督に！

ディエゴ・シメオネは、**4－4－2**システムのスペシャリスト。最近は4－3－3や4－2－3－1、3－4－3などがトレンドなんですが、彼は4－4－2に並々ならぬこだわりを持ち、ずっと使い続けています。

DF、MF、FWの3ラインをコンパクトに保って守備を固め、そうして奪ったボールを素早く前線に繋ぐという堅守速攻が代名詞。攻守ともに闘争心やインテンシティーを何よりも重視し、その関係もあって激しいサッカーができる**南米出身**の選手を好む傾向が強いですね。2012年1月から指揮するアトレティコ・マドリーは、だからいつも複数の南米プレーヤーが主力を担っています。

シメオネはアトレティコを、ラ・リーガではバルセロナやレアル・マドリー、チャンピオンズリーグではプレミアリーグ勢やセリエA勢、ブンデスリーガ勢など資金的にも戦力的にも格上のクラブとタイトルを争う強豪に成長させました。今やアトレティコの象徴的な存在であり、**「在任10年目」はビッグクラブの中では断トツの最長です。**

そうした実績も考慮されてでしょう。2019－2020シーズンの収入（年俸、ボーナス、スポンサー収入などの合計）は実に約51億円。このシーズンに限れば**「世界一稼いだ監督」**だったと言われています。

これはヤバイ

熱すぎて「股間挑発」までエスカレート！

「シメオネは選手に闘争心を求める」と言いましたが、彼自身もめちゃめちゃ熱い方。ただ、それがエスカレートしすぎて物議を醸すこともあります……。

2019年2月のユベントス戦でした。自軍がゴールを奪った際、なんとスタンドを向いて両手で股間を強調！「ウチの選手たちはタマが大きい（根性がある）ぞ！」とアピールしたんです。

さすがに批判が殺到し、UEFAから約250万円の罰金処分も食らいます。後に「言い訳も正当化もしない。不快に感じた人たち、そして**ユベントス**に謝りたい。ウチの選手たちから感じたことではあるが、好ましい表現ではなかった」と謝罪。たしかに、ちょっとやりすぎでしたね（笑）。

ちなみに、長男のジョバンニ・シメオネもプロサッカー選手で、現在はカリアリのエースストライカー。やはり父親譲りの闘争心を持っており、すごくアグレッシブにプレーします。ここ数年はアトレティコ移籍の噂も出ているので、いつか親子共演が見られるかもしれないですね。

イバン・ラキティッチ

Ivan RAKITIC

生年月日	1988年3月10日(32歳)	所属クラブ	セビージャ(スペイン)
身長・体重	184cm/78kg	代表・出身	元クロアチア代表
ポジション	攻撃的MF	推定年俸	300万ユーロ

なにがスゴイ?

主役だけど黒子にもなれる!

ラキティッチはかなりの技巧派で、シャルケやセビージャでは「**主役タイプ**」でした。しかし、2014年に移籍したバルセロナで、まさかの**黒子役**に変貌。ちょっと驚きましたね。彼が担っていた右インサイドハーフは、バルサで最も難しいポジションのひとつ。その右斜め前方に、守備が免除され、攻撃でも自由に振る舞うメッシがいるからです。この10番のために走り、闘うという仕事を彼はハイレベルに遂行していましたね。

とくに際立っていたのが**フリーラン**、30~40メートルを何度も献身的に走っていました。攻撃では縦の飛び出しで**ペナルティーエリアに入っていくタイミングが絶妙**で、相

手DFを引き付けられるので、それで空いたスペースをメッシが使う形が多かったですね。元々は自分も主役タイプだったのに、バルサでは立場を理解してメッシのフォロー役を受け入れ、しかもしっかり機能していたラキティッチ。まさに**プロフェッショナルの鑑ですね**。

20年夏には7年ぶりに古巣セビージャへ。守備負担が減って、持ち前の攻撃力を存分に発揮しています。

これはヤバイ

奥さんを情熱的に口説く!

ラキティッチと妻ラケル・マウリさんの馴れ初めは、すごくロマンチックです。

出会いは2011年1月。彼はシャルケからの移籍交渉のためセビージャのホテルに滞在しており、その**ホテル内のバーで働いていたのがラケルさん**でした。

「コーヒーを運んでくれた彼女にビビッときたね。他クラブからの誘いもあったけど、セビージャに決めた。会長に電話をして、『明日、契約を結びます。**そして、あのウエイトレスさんと結婚します**』って言ったんだ」

移籍後のラキティッチは毎日のようにバーに通って食事に誘ったそうですが、ラケルさんは「仕事中なのでお話しできません」と素っ気なかったとのこと。しかしある日、ラケルさんがオフで食事をしていると知り、ラキティッチは**猛アタックを仕掛けます**。

「僕は彼女に近付き、椅子を引いてこう言ったんだ。『来ちゃった。今なら僕とお話しできるんじゃない? だって、今はお仕事中じゃないもの』とね。次の日には食事に行ってくれた。その時から僕らはずっと一緒さ」

2人は2013年4月に結婚し、2人の子宝にも恵まれました。映画並に素敵な物語ですね!

久保建英

Takefusa KUBO

生年月日	2001年6月4日（19歳）	所属クラブ	ビジャレアル（スペイン）
身長・体重	173cm／67kg	代表・出身	日本代表
ポジション	トップ下、ウイング	推定年俸	220万ユーロ

大きな伸びしろを残す「日本の至宝」

久保建英くんは、いま日本サッカー界で最も期待されているプレーヤーですよね。左足の非凡なボールテクニックを持ち、さらに状況判断も19歳とは思えないレベル。とくにスゴイのが、**狭いスペースでの局面打開**ですね。左足の絶妙な位置にボールを置き、相手が足を出してきた瞬間に**一気にリズムチェンジ**。これで縦にも中にも抜けられるし、さらにそこからラストパスも出せるので、敵としてはとても対応しにくいと思います。

僕は対戦経験がないですが、Jリーグで戦ったことのある選手は誰もが絶賛。日本代表で一緒にプレーする長友佑都も、「**ボールの置きどころが良いから、簡単には足が出せない**。しかもパスもあるから、止めるのがなかなか大変」と言っていました。

これはヤバイ

スペイン語がハンパない！

現在の課題はシュート。まだちょっと力みが見えます。ただ、日本人では**最高峰のセンシビリティー**ですし、経験と練習を重ねることでまだまだ伸びるはずです。今の主戦場はトップ下やウイングですが、**攻撃的なインサイドハーフ**なんかの資質もあると思います。どのポジションでどんな選手に育っていくのか、今後がとても楽しみですね！

久保くんは10歳で、**日本人で初めてバルセロナのカンテラに入団**。しかし、クラブ側の違反（18歳未満の外国人選手獲得・登録のルール破り）が発覚して公式戦出場が禁止され、**14歳で日本への帰国**を余儀なくされました。辛い経験だったと思います。

ただ、バルサで過ごした3年半は絶対に無駄じゃなかったはずです。プレーはもちろんですが、特に言語能力が磨かれたからです。久保くんの**スペイン語はネイティブ級**で、現地の記者も「本当に上手い」と舌を巻くほど。ほとんどの日本人選手は海外でまず言語の壁に苦しみますが、彼はそれが一切ない。試合中も仲間と積極的にディスカッションするなど、むしろアドバンテージにしているほどです。

レアル・マドリーでのプレシーズンキャンプでは、英語でアザールに「いつもあなたのビデオを見て勉強していました」と話しかけるシーンも。**英語もそれなりに話せるみたいですね**。この語学力の高さは、久保くんの大きな武器のひとつです！

ダビド・シルバ

David SILVA

生年月日	1986年1月8日(35歳)	所属クラブ	レアル・ソシエダ(スペイン)
身長・体重	173cm/67kg	代表・出身	元スペイン代表
ポジション	攻撃的MF	推定年俸	234万ユーロ

なにがスゴイ?

「知的で巧い」の代名詞

シルバはあのイニエスタが「**対戦してもっとも衝撃を受けた選手。とにかく巧い**」と評した稀代の技巧派MFです。

マンチェスター・シティでは、グアルディオラ監督が提唱するいわゆる「**ポジショナルプレー**」の象徴として活躍。この概念/戦術を指揮官自身はこう定義付けています。「どこにボールがあるかを踏まえ、ピッチ上で選手たちが正しいポジショニングを取ろうという考え方。実践してシステムを機能させるには、規律と思考能力の速さが必要になる」

つまりシルバは、「**ボールの位置を念頭に置きながら、常に正しいポジションに移動する**」ことにかけては世界でも有数なんです。しかも、トップスピードだろうが狭いスペースだろうが、ボールコントロールは一切ブレません。**知的で巧い選手**というのは本当に一握りしかいませんね。

これはヤバイ

スパイクへの異常な好奇心

契約満了を迎えた2020年夏には、世界中のクラブからオファーが舞い込む中でレアル・ソシエダと契約。11年ぶりのラ・リーガで相変わらずの輝きを放っています。

シルバはスパイクに関するこだわりが独特。以前はアディダス、そして現在はプーマと契約しているんですが、**新しいモデルが出ると絶対に試すんです。**気に入ったシリーズを履き続ける選手が多い中、彼はとにかくチャレンジ精神旺盛。**しかも試合で試すから驚きです。**

「スパイクは全部を試したくなるんだ。慣れたら少し履き続けるんだけど、また新しいのが出てくるとチャレンジしてみたくなってしまう。とにかく僕は、**全部のモデル**が履きたいんだ。デザインはシンプルなものよりも、カラフルなほうが好きだね」

このようにスパイクはコロコロと変えるシルバですが、逆に**背番号**は完全に固定。16番だったセルタ時代を除き、エイバル、バレンシア、マンチェスター・シティ、ソシエダ、そしてスペイン代表と一貫して**21番**を纏っています。これは同じカナリア諸島の大先輩で、ずっと21番だった**ファン・カルロス・バレロン**（元スペイン代表MF）への敬意と憧れからだそうです。

スパイクは浮気性で、背番号は一途——。なんだか不思議な選手ですね（笑）。

「モダンな攻撃サッカー」が一気に広がる！

かつてのセリエAは「カテナッチョ」と呼ばれる守備的サッカーが代名詞。ひたすら相手の良さを消す戦い方です。でも、ここ数年はモダンな攻撃的サッカーを志向するチームが増加。スペクタクル度が急上昇中です。その大きな背景が若い監督の台頭で、ピルロ（ユベントス）やガットゥーゾ（ナポリ）など元名選手が多いのも個人的には嬉しいですね。

ユベントスの「一強支配」が終わる？

ユベントスが 2011－2012 シーズンから9連覇と完全な「一強支配」が続いてきたセリエAですが、2020－2021 シーズンは大きな転換期を迎えています。前シーズンから王者に対抗していたインテル、そして何よりもミランが復活。ナポリやラツィオも底力のあるチームです。優勝争いが例年になくデッドヒートし、リーグそのものの魅力がアップしていますね。

2020-2021チーム一覧

- ユベントス
- インテル
- アタランタ
- ラツィオ
- ローマ
- ミラン
- ナポリ
- サッスオーロ
- ヴェローナ
- フィオレンティーナ
- パルマ
- ボローニャ
- ウディネーゼ
- カリアリ
- サンプドリア
- トリノ
- ジェノア
- ベネベント
- クロトーネ
- スペツィア

PART 4

= セリ

1 「戦術」や「システム」がかなり細かい！

セリエAはとにかく戦術的なリーグ。守備はもちろん攻撃もとても細かくデザインされていて、システムも2つや3つを使い分けるチームが多いですね。イタリアに渡ったばかりの選手は誰もが「こんなに戦術トレーニングをしたのは初めて」なんて言いますし、インテルで長く活躍した長友佑都も「どの監督も指示が本当に細かい」と言っていました。

歴代優勝回数ランキング

1位	ユベントス	36回
2位	ミラン	18回
2位	インテル	18回
4位	ジェノア	9回
5位	トリノ	7回
5位	ボローニャ	7回
5位	プロ・ヴェルチェッリ	7回

ジャンルイジ・ブッフォン

Gianluigi BUFFON

生年月日	1978年1月28日(42歳)	所属クラブ	ユベントス(イタリア)
身長・体重	192cm・92kg	代表・出身	元イタリア代表
ポジション	GK	推定年俸	150万ユーロ

なにがスゴイ?

ドヤ顔も武器の史上最高のGK

ブッフォンがプロデビューしたのは、なんと17歳だった**25年前**の1995年11月19日。40歳を越えたいまも現役で、しかもユベントスというビッグクラブに所属しているなんて、驚異的すぎます。世界中の20、30代のGKが**「ずっとブッフォンに憧れて育った」**と語るスーパーレジェンドです。

全盛期は、とにかく**シュートストップ能力**が傑出。おそらく史上最高峰ですね。身体能力が規格外ですし、**ステップもすごく細かい**ので、厳しいコースのボールも防ぎまくっていました。誰もが「ゴールだ!」と確信したシュートを止めるシーンを、毎試合のように見たものです。

30代半ば以降は反応速度が落ちてきましたが、ポジショニングや読みで十分にカバー。フィジカルに頼れない分、より頭を使うようになって、**シュートコースの消し方などはむしろさらに磨かれていますね**。

今も昔も変わらないのが、**圧倒的なオーラ**です。「俺はブッフォンだぞ」って雰囲気が半端ないですし、相手のFWを委縮させます。あの「ドヤ顔」はずっと最高です（笑）。少しでも長くプレーを続けてほしいですね！

これはヤバイ 鬱病に苦しんだ過去が…

2006年ワールドカップで優勝し、2020年7月にはセリエA歴代最多出場記録（648試合）を更新。順風満帆のキャリアに見えますが、実は03〜05年頃に**鬱病**を患っていました。本人はこう振り返ります。

「生きる喜びを失い、強迫観念に押しつぶされそうになっていた。いつも足が震えていて、プレーも酷い状態で……。レッジーナ戦（2005年）の直前には、激しいパニック発作に襲われた。でも『いま諦めたら、このままキャリアが終わりだ』と思ってピッチに立ち、決定的なシュートを防ぐこともできた。あのときのセーブは電気ショックのように大きな刺激になったね」

この時のビッグセーブ、そして1枚の絵画がブッフォンを鬱病から救ったそうです。

「トリノの近代アートギャラリーで、**シャガール**（画家）の作品が目に留まった。衝撃だった。まるで誰かが僕の頭を叩き、呼び掛けているようだった。幸せな気持ちになれたから、翌日にまた作品を見に行ったよ」

鉄のメンタルだと思われていたブッフォンが鬱病に苦しんでいたなんて、ちょっと意外でした。

パウロ・ディバラ

Paulo DYBALA

生年月日	1993年11月15日（27歳）	所属クラブ	ユベントス（イタリア）
身長・体重	177cm／75kg	代表・出身	アルゼンチン代表
ポジション	セカンドトップ、ウイング	推定年俸	730万ユーロ

なにがスゴイ？

自由自在の「無理ゲー」シュート

ディバラはいわゆる**ファンタジスタ系**のレフティー。鋭いドリブルや精密なラストパスも魅力ですが、なんと言ってもスゴいのがシュートテクニックです。コースの作り方、威力、精度、創造性、そしてレンジの広さという全てが超ハイレベル。中でも特筆すべき能力が、**蹴る直前にコースを変えられることです**。ワールドクラスのGKはモーションだけでボールの軌道を読めるものですが、ディバラは最後の最後に足首だけでコース変更が可能。だから、例えばGKが右に動こうとすれば、左に余裕で流し込んでしまうんです。GKからすれば**完全にノーチャンス**なので、「あ〜、

無理だ〜」って見送っているシーンをよく見ますね。

ちなみに、ディバラのゴール・セレブレーションは、親指と人差し指を広げて顔を覆うマスク・スタイル。モデルはグラディエーター（古代ローマ時代の剣闘士）で、「**苦しい時でも常に戦い続ける**」という意味だとか。この「**ディバラ・マスク**」は僕も、水戸ホーリーホック時代の愛媛ＦＣ戦（２０１７年3月）で披露。みなさん、是非とも動画を検索してみてください！（笑）。

これはヤバイ

あのC・ロナウドに大胆発言…

ディバラは27歳になった今も少年のような顔をしていますが、実はけっこう大胆。Ｃ・ロナウドがレアル・マドリーからユベントスに加入してきた２０１８年、そのスーパースターに対してこう言ったそうです。

「正直に言うと、**母国アルゼンチンではあなたはちょっと嫌われています**。姿も、生き方も、歩き方も……。でも、実際はまったく違っていたんで驚きました。ロッカールームの中でも外でもフレンドリーなんですね」

アルゼンチンといえばやっぱりメッシで、そのライバルであるＣ・ロナウドは悪役扱い。そして、「実は良い人なんですね」とフォローを入れているとはいえ、**なかなかヤバいことを言いますよね……**。

でも、Ｃ・ロナウドが笑って「批判には慣れてるよ」と答えてくれたこともあり、ディバラはこの一件で彼とむしろ打ち解けたとのこと。実際、試合前などにもよく2人でニコニコしながら喋っていますね。

ただ、ピッチ上での連携となると、コンビを組んで3シーズン目の今もまだまだな印象。ディバラとＣ・ロナウドが完璧に噛み合えばユベントスの得点力が飛躍的に上がるのは間違いないので、今後に期待したいですね。

ロメル・ルカク

Romelu LUKAKU

生年月日	1993年5月13日（27歳）	所属クラブ	インテル（イタリア）
身長・体重	191cm／94kg	代表・出身	ベルギー代表
ポジション	CF	推定年俸	750万ユーロ

なにがスゴイ？

ビクともしない「ザ・壁」

パワーとスピードが規格外の「**フィジカルモンスター**」。それがルカクです。

とてつもなくスゴイのが、**相手を背負った状態で反転するプレー**。身体と手で敵DFを抑え込み、足下や胸にボールを受けて反転し、そのまま瞬く間に縦に抜け出してしまいます。

僕も186センチ・80キロと日本人としては大柄だったので、よく「背負われるとボールが見えない」と言われたものですが、191センチ・94キロとルカクはさらにデカい。相手からしたらもはや「**壁**」ですね。

ルカクがあの形に持ち込

んだらビクともしないので、**ボールを奪うのはもはや不可能**。どのチームのDFもそれを認識していて、とにかく反転させないことだけを念頭に置いて対応します。それでも**1試合に何回かは抜け出す**んですから、ビックリですよ。さらに決定力も高い。2019年に加入したインテルでは気持ちよさそうにプレーしていて、入団1年目から**キャリアハイの年間34ゴール**を挙げています。これからもこの怪物に要注目です！

これはヤバイ

母親への感謝を忘れない苦労人

ルカクは両手を広げたり、手を耳に当てたり、指を天に掲げたりと色々なゴール・セレブレーションをする選手なんですが、たまに**両手の指で「A」を作るポーズ**を見せます。

これは母親のアドルフィンさんの頭文字。貧しい中でも必死に自分と弟のジョルダン（ロイヤル・アントワーヌに所属するベルギー代表DF）を育ててくれた母親への感謝を表わしているんです。本人はこう語っています。

「父（ロジャー）もプロサッカー選手だったが、彼が引退したときに僕はまだ6歳で、しかも母は糖尿病を患っていた。**それから数年、家族はかなり苦しんだ**。母はいつも働いていたし、パン屋から余りものを恵んでもらうこともあった。**牛乳は水で薄めて量を増やしていたね……**。それでもお金が足りないから、僕と弟が食べられるように、両親が夕食を我慢してくれた日もあった。だから僕は、絶対にプロになって家族を助けるって心に誓ったんだ。ゴール後の『A』は母に捧げている。彼女がいなかったら今の僕は存在していないからね」

実際にルカクは、**アンデルレヒトで16歳にしてプロデビュー**。大金を稼げるようになり、家族を救ったのでした。良い意味でヤバい選手ですね！

アントニオ・コンテ

Antonio CONTE

生年月日	1969年7月31日（51歳）
指揮クラブ	インテル（イタリア）
国籍	イタリア

なにがスゴイ？

戦術的オートマティズムを叩き込める！

コンテはセリエA屈指の名将です。以前は4－2－4を主に使っていましたが、現在は3－5－2か3－4－1－2が基本システム。彼の戦術で特徴的なのが、**ウイングバックの動き**です。両サイドとも攻撃時はウイングの位置まで上がるので、その時の陣形は実質**3－3－4**。これで敵4バックと1対1の形を作り、そこからフリックなどを駆使したコンビネーションを使ってマークをはがしてゴールを狙う、というすごくアグレッシブな考え方ですね。

コンテはこうした戦術的なオートマティズムを選手に植え付けるのが、本当に上手いですね。試合中もタッチライン際でめちゃめちゃ叫んでいますし、**トレーニングからかなり細かく指導しているはず**。だから2019年夏から率いているインテルも、あっという間に「**コンテのチーム**」になりました。素晴らしい手腕ですね。

ただ、自分にも他人にもすごく厳しい人なので、実はかなりの〝**トラブルメーカー**〟でもあります……。ユベントスでもチェルシーでも首脳陣と揉めてきましたが、インテルに来てからも「もっと良い選手を補強してほしい」、「チームが苦しい時にフロントが助けてくれない」、「指揮を続けられるか分からない」と問題発言を連発中。**監督としては稀なほど感情の起伏が激しく、それがコンテの短所と言えますね。**

これはヤバイ

タブーに触れられてブチ切れる！

コンテは現役時代、ユベントスで400試合以上に出場してキャプテンも務めた名MF。当時は頭髪がどんどん薄くなっていって、2004年の引退時には**頭皮がかなりハッキリ見えるほどでした**。だから監督になってからはボーズ頭にもしていたんですが、バーリの指揮官を務めていた2009年頃の姿を見て、思わず「**えっ？**」という声が出てしまいました。**なんと、髪の毛がフサフサになっていたんです！** 衝撃を受けたのはイタリアのメディアやサポーターも同じで「植毛したのか？　ヅラを付けたのか？」とザワついていました（笑）。

本人はこの一件について口を閉ざしており、**業界内で「コンテの髪の毛」はいわばタブー**。しかし、勇敢にもそれを弄った選手がいました！　**エベル・バネガ**です。20年8月のヨーロッパリーグ決勝で両者が口論になり、バネガが自分の頭をスリスリと触りながら、こう言い放ったんです。「その髪の毛は、カツラなのか本物なのか？　見せてみろよ！」

タブーを口撃されたコンテは、もちろんブチ切れ。「**試合が終わったら待ってるからな！　逃げるなよ！**」と言い返していました。あの闘将コンテに喧嘩を売るなんて……バネガ、恐るべしです！

ヨシプ・イリチッチ

Josip ILICIC

生年月日	1988年1月29日（32歳）	所属クラブ	アタランタ（イタリア）
身長・体重	190cm・79kg	代表・出身	スロベニア代表
ポジション	セカンドトップ、ウイング	推定年俸	180万ユーロ

なにがスゴイ？

分かっていても止められない！

イリチッチは日本での知名度こそ低いですが、実力的には**セリエAでも屈指のアタッカー**です。190センチの長身とは思えない繊細なタッチと独特のリズムを持つレフティーで、ドリブル、パス、シュートと全てがハイレベル。中でもスゴいのが、「**切り返し**」です。やや右寄りの位置で少しボールを晒しながらキックフェイント。これで足を出したDFの逆を抜き去り、そのままシュートを叩き込みます。

手足が長いので懐が深いうえ、**取れそうな位置にボールを置き、しかも本当に蹴りそうなモーションをするの**で、相手もついつい引っかかって

しまいますね。まさに「分かっていても止められない切り返し」です！

左利きだと右足をあまり使わない選手も多いですが、イリチッチは右足もハイレベル。珍しいタイプですし、だからこそ相手にとっては厄介ですね。

天才肌の気分屋で以前は波の激しいタイプでしたが、2017年に加入したアタランタではパフォーマンスが安定。クラブ史上初のチャンピオンズリーグ出場＆ベスト8躍進などに貢献しています。

これはヤバイ コロナ感染で鬱病に…

イリチッチは**二度の病気から復活を遂げた**プレーヤーです。一度目は2018年夏。リンパ節の感染症にかかり、2か月にわたって抗生物質を投与しました。本人は当時をこう振り返っています。

「自分は首周りの感染だけで済んだが、全身に転移して昏睡状態に陥る人もいる病気だった。なかなか良くならなくて、一時はもうピッチに戻れないことも覚悟した。**病気は僕を変えた。**人生はサッカーが全てではないことに気付かされたよ。何よりも大事なものは健康、そして家族だ。精神的にも落ち着いた」

そして二度目が2020年夏。理由が公表されずにセリエAとチャンピオンズリーグを欠場し、一時は「妻の浮気がショックで凹んでいる」などの情報も出回りましたが、後に**鬱病**を患っていたことが分かりました。

アタランタが本拠を置くベルガモは、**イタリアで最も多く新型コロナウイルスによる死亡者が出た地域**。イリチッチも陽性になり死の恐怖に晒されたことで、心を病んでしまったそうです。しかし、2020年10月に戦列復帰。好きな選手の1人なので、無事に帰ってきてくれて僕も嬉しいです！

チーロ・インモービレ

Ciro IMMOBILE

生年月日	1990年2月20日（30歳）	所属クラブ	ラツィオ（イタリア）
身長・体重	185cm／85kg	代表・出身	イタリア代表
ポジション	CF	推定年俸	400万ユーロ

「迷いがない」フィニッシャー

インモービレはまさに「生粋のフィニッシャー」。**セリエA得点王に計3回も輝いていて、とくに19－20シーズンの36ゴールはセリエA歴代最多タイ記録&同シーズンのヨー**ロッパ主要リーグ最多という際立った数字でした。

テクニックやスピードが特別に優れているわけではありません。しかし、クイックネスがハイレベルなので裏への抜け出しは鋭いし、コーディネーション能力が高いので左右前後のどこからボールが来ても**正しい向きにすぐに身体を動かせますね**。

そして、何よりも**シュートの局面で迷いがまったくない**。これはCFとしてすごく大事なメンタリティーで、とくにここ数年は「外してしまうかも……」という不安が一切ないように見えます。だから思い切りよく足を振り抜けますし、それが結果的にゴールに繋がるという、好循環を生んでいる印象です。

2016年から所属するラツィオでは、縦に速いシュートカウンター戦術の中で自分の持ち味を存分に生かしています。良いチームに恵まれましたね！

これは ヤバイ

奥さんよりもゲームが好き？

インモービレはサッカー界屈指の「**ゲーマー**」です。サッカーはもちろん、レース系、サバイバル系と色々なジャンルをプレイする模様。家ではそれこそ四六時中ずっとコントローラーを握っているようで、冗談交じりながら「**妻よりプレイステーションのほうが好き**」と言い放つほどです。

奥様のジェシカ・メレナさんは、モデルなどもこなすほど美人でスタイルも抜群。だからこの発言の直後には、サッカーファンから「あんなセクシー妻がいて信じられない」、「俺なら絶対に奥さん」などの声が上がっていました（笑）。ジェシカさん自身はもはや諦めムードで、旦那のゲーム好きをネタにした動画をインスタグラムにアップ。ジェシカさんが「アモーレ！」と何度呼んでもシカトしてゲームを続けたり、インモービレが「**二度とゲーム画面の前に立つな！**」と冗談でジェシカさんを怒鳴ったりする映像は、なかなか笑えます。僕もジェシカさんのインスタはしっかりフォローしています（笑）。

それでも2人は、とても仲良しの夫婦。3人の子宝にも恵まれています。

エディン・ジェコ

Edin DZEKO

生年月日	1986年3月17日（34歳）	所属クラブ	ローマ（イタリア）
身長・体重	193cm／80kg	代表・出身	ボスニア・ヘルツェゴビナ代表
ポジション	CF	推定年俸	750万ユーロ

なにがスゴイ？

バリアが見えるポストプレーの名手

ジェコは現在のセリエAで最も完成度の高いCF。**193センチとは思えないほど身のこなしはスムーズ**なうえにボールテクニックが高く、ビルドアップ、崩し、フィニッシュと攻撃の全局面で大きな貢献を果たします。

中でも特筆すべきなのが**ポストプレー**。足下はもちろんハイボールもしっかり収めますし、サイズがあるので懐がとても深く、独特のオーラがあります。ちょっと感覚的な話になってしまいますが、「**自分**

入ってきてみろ！
近づけねぇ…
なんだよコレ…

のバリアを張って、相手に入り込ませない」というイメージですかね。

ボールを収めた後も、後方や横への落としをはじめ、ターンからのドリブル、そしてダイレクトのスルーパスと選択肢が豊富。しかもその全てがうまい！　正統派のポストプレイヤーとしては世界でも随一ですね。

多少アバウトなボールでも余裕で収め、次の展開に繋げてくれるので、ローマでも代表チームでも「**とりあえずジェコに蹴っておけ**」みたいなシーンがたまにあります。その間にチーム全体を押し上げられるので、本当に頼りになる存在ですね。**ポストプレーを学ぶには最高のお手本だと思います！**

これはヤバイ

オフには来日して和服経験も！

ここ数年の欧州サッカー界では「**プチ日本ブーム**」が起きていて、オフを利用して来日する選手も。ジェコも2018年夏に奥様のアムラ・シライジッチさんと日本を訪れ、観光を楽しんでいました。

まずは京都で、金閣寺や嵐山など定番スポットへ。福寿園では茶道も体験しており、**ジェコが和服で抹茶を点てる**という超レアな写真もSNSにアップされていました！　さらに鹿で有名な奈良公園、そして東京では浅草寺や東京タワー、スカイツリー、銀座スクランブル交差点、原宿の『カワイイモンスターカフェ』などを訪問。「**東京に心を奪われた**」とも投稿していましたね。

ちなみに、奥様のアムラさんはモデル兼女優。日本でも人気の米ドラマ『CSI：NY』にも出演経験があります。もちろんとっても美人で、ジェコが一目惚れして猛アタックしたそうです！

テオ・エルナンデス

THEO HERNANDEZ

生年月日	1997年10月6日（23歳）	所属クラブ	ミラン（イタリア）
身長・体重	184㎝／81kg	代表・出身	フランス国籍
ポジション	左SB	推定年俸	150万ユーロ

なにがスゴイ？

ドリブルが推進力満点！

テオ・エルナンデズは、いま大きな注目を浴びている**超攻撃的な左ＳＢ**です。

現代サッカーではＳＢの攻撃参加が当たり前になりましたが、大きく分けるとポゼッションに絡むタイプ、そしてオフ・ザ・ボールで攻め上がるタイプという2種類。でも、テオはそのどちらにも当てはまらない**ニュータイプ**なんです。

十八番は足下にボールを受けて、対面のウイングやＳＢをぶっちぎるドリブル突破。そのまま縦に抜

ければ正確なクロス、中央に切れ込めば強烈なシュートを打ち込みます。この**一連の流れの推進力と迫力は本当に凄まじいですね**。

サイドラインを背負って敵が2人ほど迫ってくる「**ハマった状態**」でも、テオは独力で局面打開が可能。全盛期のマルセロ（レアル・マドリー）などもそうですが、SBがこのプレーをできると**チームとしての攻撃の幅がかなり広がりますね**。実際、2019年に入団したミランではSBながら攻撃の要の1人になっています。

攻撃力はすでに超トップレベルで、ポジショニングなどに課題を抱える守備を磨いていけば、いずれ世界最高峰の左SBになると思います！

これはヤバイ

カップルでタトゥーが激しすぎる！

兄のリュカ・エルナンデズ（バイエルン）は大人しい真面目な選手として知られますが、**テオはなかなかヤンチャ**。タトゥーも腕や足、そして背中と全身に入れています。欧州だとタトゥーは一般的ですが、中でもテオはかなり多いほうだと思います。

ただ、テオの彼女であるゾーエ・クリストフォォリさんはもっとヤバいんです……。イタリア人モデルなので美人でスタイルも良いですが、**首元から足までタトゥーだらけ！**　現地では「**全身タトゥーの美女モデル**」として知られ、有名なインスタグラマーでもあるそうです。

SNSに上がっているテオとゾーエさんのツーショット写真は、タトゥーが目立ちまくっていてかなりの迫力。道端ですれ違ったら絶対に避けてしまう恐怖のカップルですね……。

フランク・リベリ

Franck RIBERY

生年月日	1983年4月7日（37歳）	所属クラブ	フィオレンティーナ（イタリア）
身長・体重	170㎝／72kg	代表・出身	元フランス代表
ポジション	ウイング、トップ下、セカンドトップ	推定年俸	400万ユーロ

なにがスゴイ？

アウト→インの必殺・右足ドリブル

リベリの全盛期は、2007〜2019年のバイエルン時代。アリエン・ロッベン（現フローニンヘン）が右、リベリが左に構える両ウイングは「**ロベリ**」と呼ばれ、**欧州最強クラスの破壊力**を誇っていました。

当時のリベリはバリバリのドリブラーで、信じられないほどの切れ味で縦と中央を突破。2人、3人を余裕でかわしていましたね。

複数人に囲まれた際の抜き方としては、右足インサイド→左足インサイドなどの**ダブルタッチ**が最近の主流で、リベリもこのフェイントの使い手の1人。でも、彼にはもう1つ、**右足アウトサウド→右足インサイド**でボールを触って抜き去るという必殺技があったんです。**右足だけの高難易度で珍しいフェイク**を使って、一気に敵の逆を取って抜けていくシーンを何度となく見たものです。

2019年夏に移籍したフィオレンティーナでは、ウイングのみならずトップ下やセカンドトップに入る試合も多いですね。もう37歳なので俊敏性などは落ちましたが、テクニックや視野の広さはさすがで、**とくに相手を引き付けてからのスルーパスが極上**。セリエAでまた新しい姿を見せてくれています！

これは ヤバイ

「大きな傷」を乗り越えて…

リベリには額から右頬にかけて、**大きな傷**があります。まだ2歳だった頃、父親の運転する車に乗っていた時に交通事故に遭い、路上に投げ出された際に負ったもの。**１００針も縫う大怪我だったそうです。**

幼少期はこの傷を周囲にいじられ、一時はトラウマにもなったとのこと……。本人はこう振り返っています。

「俺はまだ小さい子供だった。だから、この傷を受け入れるには時間が必要だったね。みんなが言うんだよ。『一体あれはなんだ？』とか『顔に付いているものはなんだ？』、『**なんだ、その傷！ 醜い顔だ**』とかね。どこへ行ってもジロジロと見られる。とくにチームメイトの親とかがね。最悪さ。俺はもちろん、家族もすごく傷ついていた。すごく苦しんだよ。でも、俺は隅っこへ行って泣きじゃくるようなことはしなかった。**今ではこの傷は、俺の強さの象徴さ**」

そんな大きなトラウマを乗り越えたリベリは、**陽気で超社交的**。バイエルンでもフランス代表でも、そして現在のフィオレンティーナでも、瞬く間にチームメイトと仲良くなっていました。とっても強い人ですよね。尊敬します！

シニシャ・ミハイロビッチ

Siniša MIHAJLOVIĆ

生年月日	1969年2月20日（51歳）
指揮クラブ	ボローニャ（イタリア）
国籍	セルビア

なにがスゴイ？

冨安を急成長させる育成の達人！

ミハイロビッチは、コンテやシメオネと似たような「闘将タイプ」の監督です。選手をモチベーションを高めるのが、非常に上手い印象を受けます。

ただ、現在率いるボローニャでは、**レナート・バルディ**という素晴らしい戦術コーチが部下にいる関係もあって、最新トレンドも積極的に取り入れています。アグレッシブなハイプレスや縦に速い攻撃を重視し、「可変システム」も採用。今のボローニャは戦術的によく鍛えられているので、観ていてすごく面白いですね。

また彼は、若手を使いながら育てるのが上手い。ミラン時代には当時16歳だった**ジャンルイジ・ドンナルンマ**を正ＧＫに大抜擢してブレイクさせましたし、ボローニャでもヤングタレントを積極的に使っています。２０１９年にボローニャに加入した**冨安健洋**くんもその一人です。現役時代のミハイロビッチは世界的なＤＦだったので、冨安くんはたくさんのノウハウを教わっているはずですし、実際に攻守ともにここ1年半で見違えるほど急成長中。素晴らしい監督に出会えた彼は、すごく幸運だと思います。

白血病なのにリモートワーク！

２０１９年7月13日、ミハイロビッチは記者会見で世間を驚かせました。**急性白血病**を患ったことを告白したんです。

「私は病気に立ち向かう。これまでの人生、そしてサッカーと同じように。そして、この闘いに、私は必ず勝つ」

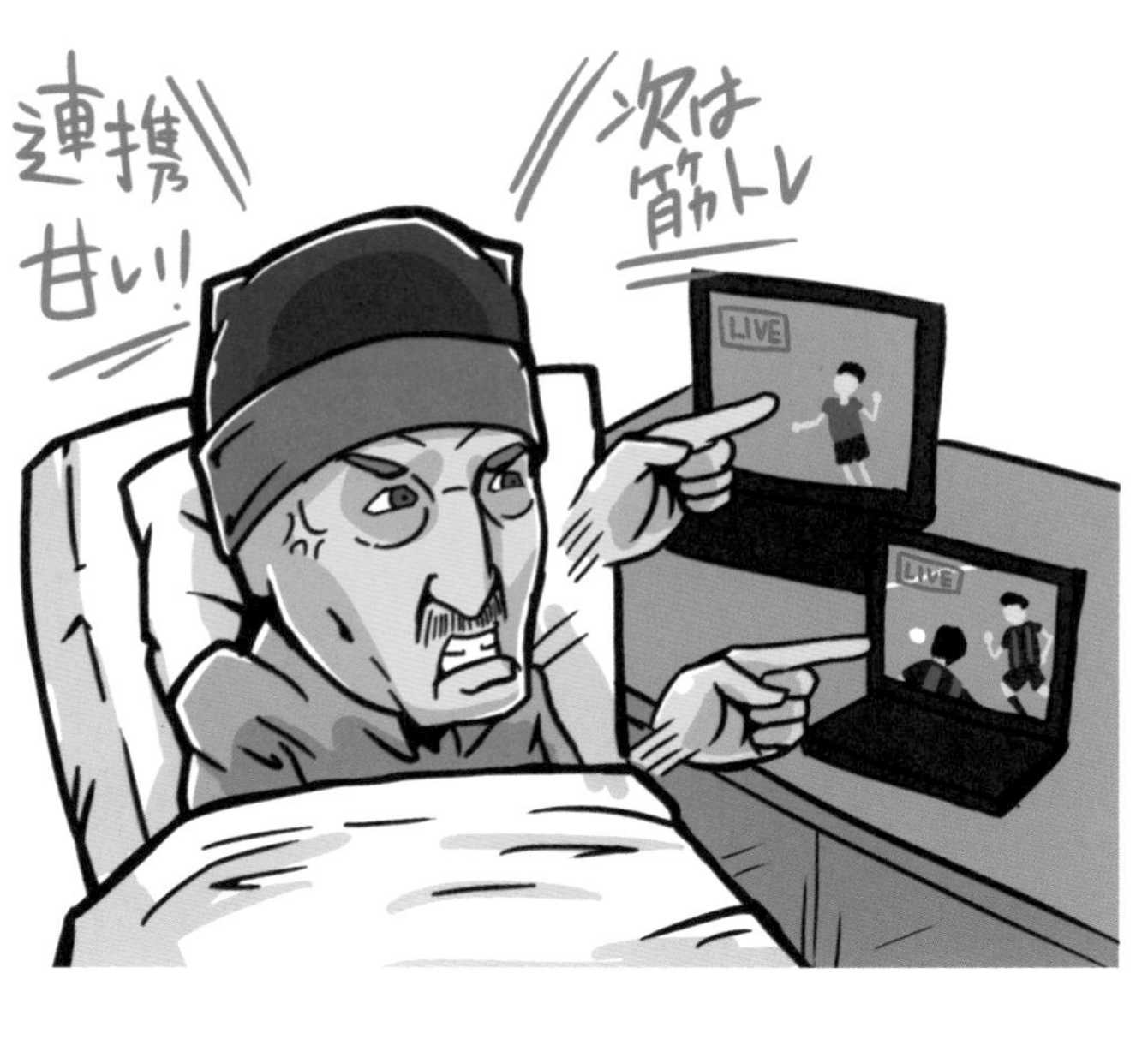

そう語った彼は、入院して白血病と必死に闘います。しかも、ライブビデオでトレーニングを確認し、**リモートでコーチ陣に指示を出しながらです**。そして、なんと8月25日のセリエＡ開幕戦でベンチに座ったんです！　薬の影響か明らかに痩せ細っていましたが、しっかり指揮を執っていました。信じられない闘将ですよね。

その後も入退院を繰り返していましたが、10月には骨髄移植が成功。２０２０年に入ってからはほぼフルでチームを指揮しています。

ちなみに、復帰後の２０２０年6月には、ボローニャの公式ＳＮＳがアップした動画が話題になっていました。ミハイロビッチが練習で**直接フリーキックをバシバシ決めていたんです**。実は彼、**「直接FKから28ゴール」というセリエA記録の持ち主**。もう51歳ですが、キックだけはまだ現役でも通用しそうなほど正確です！

フランス

リーグ・アン

未来のスター達があの最強チームに挑む！

2011 年夏にパリ SG がカタール資本になって金満化して以降、リーグ・アンではこの首都クラブが圧倒的な存在感。酒井宏樹と長友佑都が所属しているマルセイユには、是非とも彼らの覇権を崩してほしいですね。戦術的にはやや大味ですが、黒人プレーヤーに「身体能力オバケ」が多いので試合自体は迫力があります。フランスで台頭してビッグクラブに引き抜かれる若手も多いので、「未来のスター探し」にもオススメのリーグです!

2020-2021チーム一覧（昨シーズンランキング順）

- パリSG
- マルセイユ
- レンヌ
- リール
- ニース
- スタッド・ドゥ・ランス
- リヨン
- モンペリエ
- モナコ
- ストラスブール
- アンジェ
- ボルドー
- ナント
- ブレスト
- メス
- ディジョン
- サンテティエンヌ
- ニーム
- ロリアン
- RCランス

歴代優勝回数ランキング

1位	サンテティエンヌ	10回
2位	パリ SG	9回
2位	マルセイユ	9回
4位	ナント	4回
5位	モナコ	4回

PART 5

ブンデスリーガ

ぶつかり合いの激しさは欧州屈指！

ブンデスリーガはバイエルンが8連覇中と、完全な一強状態ですね。伝統的に重視されるのが、「ツヴァイカンプフ」と呼ばれる1対1の競り合いで、「あの選手はツヴァイカンプフのデータが高い」などという言い方もされます。戦術的にはラングニック（元 RB ライプツィヒ監督）の影響を受けた、縦志向の攻撃とゲーゲンプレスを組み合わせたトランジション・サッカーが大きなトレンド。試合展開の速さはプレミアリーグに次ぐほどですね。

2020-2021チーム一覧

- バイエルン
- ドルトムント
- RBライプツィヒ
- ボルシアMG
- レバークーゼン
- ホッフェンハイム
- ヴォルフスブルク
- フライブルク
- フランクフルト
- ヘルタ・ベルリン
- ウニオン・ベルリン
- シャルケ
- マインツ
- ケルン
- アウクスブルク
- ブレーメン
- ビーレフェルト
- シュツットガルト

歴代優勝回数ランキング

1位	バイエルン	30回
2位	ニュルンベルク	9回
3位	ドルトムント	8回
4位	シャルケ	7回
5位	ハンブルク	6回

ロベルト・レバンドフスキ

Robert LEWANDOWSKI

生年月日	1988年8月12日（32歳）	所属クラブ	バイエルン（ドイツ）
身長・体重	184cm・80kg	代表・出身	ポーランド代表
ポジション	CF	推定年俸	1600万ユーロ

なにがスゴイ？

世界最高の「9番」！

レバンドフスキは、ストライカーに必要な能力を全て最高レベルで備えた超万能型。総合力で言えば、現時点で**世界最高峰の「9番」**だと思います。

とにかく何でも巧いですね。フィニッシュはもちろん、相手を背負ってのポストプレー、中盤まで下がってのポゼッション関与、仲間のためのラストパスやスペースメーキング、サイドに開いての仕掛け、そして直接ＦＫまで、全部が超ハイクオリティーです。

僕がいつも感心するのが、身体の使い方です。フィジカル能力が高いので当たりに強くて、さらに**ボールや相手を吸収してしまうような柔らかさ**もあるんです。だから、地上戦はもちろん空中戦でも、ボディーバランスがまったくブレないんですよ。あの「柔と剛のバランス」

にはいつも惚れ惚れしますね。
バイエルンが3冠（ブンデスリーガ、DFBカップ、チャンピオンズリーグ）を成し遂げた2019－2020シーズンは、この3コンペティションすべてで得点王に輝くという快挙。**2020年は自身初のバロンドール受賞**が期待されましたが、コロナ禍によって賞そのものが中止に。不運でしたね……。2021年の受賞を目指して頑張ってほしいです！

これはヤバイ

食事の仕方が独特すぎる！

レバンドフスキは怪我が本当に少なくて、ドルトムント（10～14年）でもバイエルン（14年～）でも**長期離脱は一度もなし**。父親がフットボーラー兼柔道家、母親がバレーボール選手だったので身体がそもそも頑丈で、練習も超熱心だそうですが、この故障の少なさにはもうひとつ見逃せない理由があります。「**食事**」です。

妻のアンナさんは元空手家で、現在は栄養学に明るいフィットネストレーナーとして活躍中。彼女の提案でレバンドフスキは、乳製品、小麦、そして大好きだったチョコレートバーなどを止めています。ここまではたまに聞く話ですが、よりヤバいのが食事の取り方。なんと、デザート、メイン、前菜と**順番を逆にしているんです！**

本人はその理由をこう語っています。

「まずデザートを食べ、続いてパスタと肉、そして最後にサラダかスープを口にする。この食事法は脂肪の燃焼を高めるんだ。以前よりも身体の調子が良くて、怪我がなくなったし、パフォーマンスも上がっている」

なかなか斬新な食べ方ですよね……。僕はちょっと嫌かな（笑）。

マヌエル・ノイアー

Manuel NEUER

生年月日	1986年3月27日(34歳)	所属クラブ	バイエルン(ドイツ)
身長・体重	193cm・92kg	代表・出身	ドイツ代表
ポジション	GK	推定年俸	1500万ユーロ

攻守万能の革命的GK

「GKの概念を変えた」

そんな称賛があるほど、ノイアーは革命的なGKです。

まず、**シュートストップ能力**が傑出。**反応速度は異次元**ですし、ステップもリズムカルで非常に細かい。1対1でも絶対に先に倒れないし、相手への威圧感もスゴいですね。片足を大きく広げて止めるセーブはまるでアイスホッケーのゴールテンダーで、さらに横っ飛びのパンチングは**バレーボール選手のレシーブ**を彷彿とさせます。いずれも超ハイクオリティーです。

さらにスゴいのが、守備範囲の広さと攻撃面での貢献。最終ラインの後ろでリベロ的に振る舞うGKは1990年代からいましたが、ノイアーはほとんど**フィールドプレーヤーと同じ機能**を担えるんです。普通にビルドアップに参加したり、相手をフェイントでかわしたり、ペナルティーエリアを出てヘディングやタックルでクリアしたり、50メートル近いキックやスローインで速攻の起点になったりと、もはやGKじゃないですね(笑)。

ここ数年は怪我に悩まされてきましたが、2019-2020シーズンのチャンピオンズリーグではビッグセーブを連発。「やっぱりノイアーは半端ない!」と思ったのは、僕だけではなかったと思います。

これはヤバイ

幻となった大胆すぎる奇策があった!

2013年から3シーズンにわたってバイエルンを率いていた**グアルディオラ監督**は、とんでもない大胆アイデアを温めていたとのこと。バイエルン会長のカール＝ハインツ・ルンメニゲが、こう証言しているんです。

「グアルディオラはブンデスリーガ優勝を決めた後の消化試合で、**ノイアーを中盤で起用**することを考えていた。すごく真剣にね。しかし、もしGKをMFで起用すれば、『傲慢すぎる』と批判されるのは目に見えていた。だから私は必死で止めたよ」

ヤバい話ですよね。1990年代にはメキシコにホルヘ・カンポスというFWを兼任するGKはいましたが、さすがにMFでプレーするGKなんて聞いたことがありません。

ただ、ルンメニゲは「マヌエルは間違いなく**中盤でも巧くプレーしただろう**」ともコメント。たしかにノイアーだったら、普通にMFの仕事ができそうな気がします（笑）。

ヨシュア・キミッヒ

Joshua KIMMICH

生年月日	1995年2月8日(25歳)	所属クラブ	バイエルン(ドイツ)
身長・体重	176cm・73kg	代表・出身	ドイツ代表
ポジション	セントラルMF、右SB	推定年俸	790万ユーロ

なにがスゴイ?

サッカーIQ(アイキュー)の高い地味な名手

キミッヒは「**地味だけどスゴい**」の代表例のようなプレーヤーですね。

176センチ・73キロと小柄で細身で、フィジカル的にはヨーロッパだと水準以下。しかし代わりに、判断力や空間察知能力などのサッカーIQ、さらにパスやトラップなど足下の基本技術がスーパーなレベルですね。

2015年夏に入団したバイエルンでは、右SBとセントラルMFで超ハイレベルに機能してきました。

右SBとして見た時の最大の特長は**クロス**ですね。**利き足の右はもちろん、切り返して蹴る左も高精度**。このクロスに関しては現時点で、トレント・アレクサンダー＝アーノルド(リバプール)と並ぶ**世界最高レベル**だと思います。

ただ、本人は元々の本職であるセントラルMFでのプレーを希望。視野が広く、展開力があり、こぼれ球への反応が速く、さらに**リーダーシップもある**ので、たしかに中盤のほうが持ち味をより活かせますね。

実際、2019年11月にハンジ・フリックがバイエルンの監督になって以降は、セントラルMFでほぼ固定。個人的にはこのまま中盤でプレーしていってほしいですね。

これはヤバイ

無名の選手が名将ペップの寵愛を受ける

キミッヒのキャリアを大きく左右したのが、**グアルディオラとの出会い**でした。当時2部リーグのRBライプツィヒに所属していた19歳がなんと、かの名将の補強ターゲットに。本人は当時をこう話しています。「代理人から『バイエルンからオファーが届いている』って聞かされた時は、『**冗談は止めてくれよ**』って返したよ。2部リーグでプレーする無名の僕をあのグアルディオラが欲しがっているなんて話、どうやったら信じられるんだい？」

でももちろん本当の話で、2015年夏に彼はバイエルンへ。そしてペップに「**私の息子**」と呼ばれるほど寵愛され、メキメキと実力を伸ばしていったんです。

個人的にすごく印象深いのが、2016年5月のドルトムント戦。試合後、**キミッヒがペップにめちゃめちゃ怒鳴られていたんです**。ポジショニングの指導をされていたそうで、「とても期待されているんだな～」って思ったのをよく覚えています。

ペップは今もキミッヒが大のお気に入りで、移籍市場の度に引き抜きを画策。いつか師弟コンビが復活するかも⁉

ヨシュア・キミッヒ

アーリング・ハーランド

Erling HÅLAND

生年月日	2000年7月21日(20歳)	所属クラブ	ドルトムント(ドイツ)
身長・体重	194cm・88kg	代表・出身	ノルウェー代表
ポジション	CF	推定年俸	800万ユーロ

なにがスゴイ? デカくて速い「新しい怪物」

ハーランドはいわば「**新しい怪物**」。若手では世界最高峰のストライカーですね。まず、身体能力が規格外。194センチの巨漢でパワーがあり、それでいて**スピードは爆発的**で、さらに俊敏性やコーディネーションにも恵まれています。そして左足のテクニックも十分以上。あのサイズでダイナミズムがあり、さらに足下も安定したCFというのは、**世界を見渡してもほんの一握りしかいません**。

さらに、**駆け引きも巧み**。SBとCBの間から抜け出したり、ボールウォッチャーになった敵の裏を取ったり、ニアに行くと見せかけてファーに流れてみたり、とにかく動き出しのクオリティーが高いですね。とくに得意なのが、**オフサイドラインぎりぎりでの裏への飛び出し**。プルアウェイもしくはダイアゴナルの動きからスペースにパスを引き出し、そのまま敵をぶっちぎり、左足で強烈かつ正確なシュートで打ち込みます。あの形に持ち込まれたら、止められるDFはほとんどいないでしょう。

なにがスゴイ? 驚愕の1試合で9ゴール!

20歳にして「**ゴールの型**」を持っているストライカーは、歴史的にもかなり希少ですね。

ハーランドが最初に脚光を浴びたのは、2019年5月30日のホンジュラス戦（U－20ワールドカップ）。この試合でなんと、**1人で9ゴールも奪ったんです！**　プロの試合で「トリプル・ハットトリック」なんて、初めて聞きましたね。

これで自信を付けたのか、ハーランドは直後の19－20シーズン前半戦で大爆発。当時所属していたレッドブル・ザルツブルクで、公式戦22試合で28ゴールという信じられない数字を残したんです。

さらに、2020年1月に引き抜かれたドルトムントでも、**デビュー戦で途中出場ながらハットトリック**すると、2試合目と3試合目でも2得点とゴールラッシュ。ブンデスリーガのあらゆる最年少&最短の得点レコードを塗り替えました。さらにノルウェーのA代表でも、2020年末時点で7試合・6得点。まさに「**ゴールに愛された男**」ですね。

ちなみに、ハーランドがよく見せるゴール・セレブレーションが、胡坐をかいて座り目をつぶって瞑想する「**座禅スタイル**」。過去にサラーやグリエーズマンなども披露したことがあります。いずれ「世界最高の点取り屋」にもなりそうなので、今後はその称号に相応しいオリジ

ナルのポーズにも期待したいですね！

これはヤバイ

父親の因縁クラブには行かない!?

レッドブル・ザルツブルクで大ブレイクしたハーランドは、2020年1月の移籍市場で大人気に。中でも**マンチェスター・ユナイテッド**は、オレ・グンナー・スールシャール監督が彼にとってモルデ時代の恩師だったため、最有力候補だと言われていました。しかし、結果的にハーランドはドルトムントへ移籍。この一件には、父親のある〝因縁〟も関係しているとも噂されました。

父アルフ＝インゲ・ハーランドもノルウェー代表MFだったんですが、マンチェスター・ユナイテッドのレジェンドである**ロイ・キーンがいわば天敵**。父は1997年にキーンに大怪我を負わすと、2001年にその報復のようなタックルを受けて負傷。その故障が尾を引いて、**引退**に追い込まれてしまったんです。だから、「息子もマンチェスター・ユナイテッドが嫌いなんじゃないか」と言われているわけです。

ただ、今のところ本人、父親、そして代理人（ミーノ・ライオラ）もこの件についてはノーコメントで真相は藪の中。マンチェスター・ユナイテッドは今もハーランドを狙っていると言われていますが、今後に要注目ですね。

大物の予感⁉ コメントも感性も独特！

「いつも5人の彼女と寝ている」

彼がそう語ったコメントを見て僕も「うわっ、ヤバい奴だ……」と一瞬引きましたが、真相はこうでした。

「ハットトリックを達成するたびに記念にもらった**5つのボール**と、僕はいつも一緒に寝ているんだ。気分が良いね。ボールは僕にとって彼女のようなものさ」

なかなかお騒がせな発言をするものです（笑）。これまでに女性関係のゴシップは皆無で、一気に次世代スターに躍り出た今もサッカーに集中しているようですね。

このコメントもそうですが、ハーランドはちょっと**独特の感性の持ち主**。子供の頃はイブラヒモビッチやC・ロナウドなどと並んで、**元スペイン代表FWのミチュ**もアイドルだったとのこと。良い選手でしたがワールドクラスとは言い難く、かなり渋いです。でも、こうした人とはちょっと違ったパーソナリティーは、大物の証かもしれないですね！

心配だわ…
マミー
今夜もはなさないぜっ

ジェイドン・サンチョ

Jadon SANCHO

生年月日	2000年3月25日（20歳）	所属クラブ	ドルトムント（ドイツ）
身長・体重	180cm・76kg	代表・出身	イングランド代表
ポジション	ウイング	推定年俸	1000万ユーロ

ボールを奪えない超絶ステップ

サンチョはスピードとテクニックを併せ持った**U－23世代屈指のアタッカー**です。最大の武器は**キレキレの鋭いドリブル**。ルーレットや股抜き、裏街道、切り返しと技が実に多彩なんですが、その全てのベースとなっているのが「**ステップの細かさ**」です。常に両足を小刻みに動かし、敵が足を出してきても素早くボールを動かして一気に抜け出せるんです。ボディーフェイントも多いので、相手からしたらかなり厄介ですね。

ドリブルはボールタッチばかり注目されがちですが、**足のステップもそれと同じくらいに大事**。その真理をサンチョの突破は教えてくれますね。

これだけ個の打開力に恵まれていると、若いうちは「ドリブルに溺れる」選手も少なくないですが、サンチョはその動きがしっかり得点に直結。２０１９－２０２０シーズンは公式戦通算で**アシストとゴールを20ずつ記録**と、とんでもない数字を叩き出しています。早ければ２０２１年夏には、ステップアップ移籍が実現するはず。欧州中のメガクラブが狙っているので、新天地がどこになるのか今から楽しみですね。

これはヤバイ

遅刻癖の原因の深夜のゲーム？

サンチョの大きな欠点は、**時間にルーズなこと**です。ドルトムントでは朝食、ミーティング、そしてトレーニングなどに何度も遅刻しており、代表チームからクラブへの帰還を無断で1日も遅らせたことも……。

2019年10月には度重なる遅刻へのペナルティーとして、ドルトムントから**10万ユーロ（約1250万円）もの罰金処分を食らっています**。スポーツディレクターのミヒャエル・ツォルクもこう苦言を呈しています。

「ジェイドンはまだ若い。成長過程なんだ。プロらしい行動ができるように、チーム全体でサポートしていく必要がある」

本人も「僕は寝不足でトレーニングに遅刻してしまうことがある……」と認めていますが、**この寝不足の最大の原因がオンラインゲーム**。マンチェスター・ユナイテッドのポグバやラッシュフォードらと戦争シューティングゲーム『**コール・オブ・デューティ**』などで、夜な夜な遊んでいるそうです。

才能はありながらも、こうした生活面の問題でキャリアを台無しにしてしまう選手は古今東西で少なくありません。サンチョにはプロとしての自覚をしっかり持ってほしいですね。

ユリアン・ナーゲルスマン

Julian NAGELSMANN

生年月日	1987年7月23日（33歳）
指揮クラブ	RBライプツィヒ（ドイツ）
国籍	ドイツ

なにがスゴイ？

システム変更が半端ない最年少監督

ナーゲルスマンは、若手監督ではいま世界で最も注目されている新進気鋭です。膝の怪我で20歳にして現役引退。スカウトや、ホッフェンハイムのユースチームの指導者として経験を積みます。そして、２０１６年2月にはホッフェンハイムのトップチーム指揮官に就任。当時まだなんと28歳で、**ブンデスリーガ史上最年少監督となったのです**。

そのホッフェンハイム、そして２０１９年夏から率いる**RBライプツィヒ**で見せているサッカーはすごく独特です。大きな特長は、**中央突破への傾倒**。サッカーには「左右のサイドを使いながら幅を取って攻める」という基本があるわけですが、ナーゲルスマンはまず何よりも中央から攻めることを優先します。「ゴールはピッチの真ん中にあるのだから、**サイドよりも中央を攻めたほうが効率的**」と考え、同時に「中央に選手が集まっているから、ボールロスト時にカウンターを受ける頻度も減る」と定義しているわけです。常識を覆す新しい理論ですね。

また、試合中のシステム変更の頻度が半端ない！　普通の監督は1、2回ですが、ナーゲルスマンは**5、6回くらい平気で変えます**。選手たちはかなり大変だと思いますが、指導を受けた多くのプレーヤーには「彼のおかげでプレーの幅が広がった」と称賛しています。いずれビッグクラブに招聘されること間違いなしの注目監督です！

これはヤバイ

服がイマドキすぎる！

ナーゲルスマンは僕よりも若くて、まだ33歳。だから様々な面で、いわゆる「イマドキの人」という印象を受けます。サッカーの面では、「VR」をはじめとする数々の最先端テクノロジーを導入。トレーニングでは「iPad」や専用カメラを駆使します。タブレットの画面に自身やコーチ陣が意見を書き込み、それを映像と一緒に巨大スクリーンに映し出して、選手たちに説明しているそうです。

また、ファッションが奇抜なところも現代人っぽいですね。試合日の監督はスーツかジャージが定番ですが、**彼は超カジュアル！**　ダッフルコート、柄シャツ、そしてジーパンと、**ほとんど普段着なんですよね**。

また、眉毛をかなり細くカットして話題になったり、「整形したんじゃないか？」なんて噂も流れたり（笑）。

メディアやサポーターには、「**世界でも最もモードな監督**」と褒められるケースもあれば、「**なんかダサい**」と言われることもあるなど、賛否両論です。

マウロ・イカルディ

Mauro ICARDI

生年月日	1993年2月19日(27歳)	所属クラブ	パリSG(フランス)
身長・体重	181cm・75kg	代表・出身	アルゼンチン代表
ポジション	CF	推定年俸	1000万ユーロ

なにがスゴイ? 希少なフィニッシュ特化型

いわば「**古典的なフィニッシャー**」が、イカルディです。ポストプレーをはじめ、ポゼッション関与、サイドに開いて突破など幅広い役割をこなすCFが増える中、イカルディはそのいずれもがレパートリー外。**完全にフィニッシュ特化型なんです**。だから、常に最前線でひたらすチャンスを待ちます。傑出しているのが、ポジショニングといわゆる「**ゴール嗅覚**」。相手の視野から消えてのダイレクトシュート、そしてこぼれ球の押し込みなどが十八番ですね。

個人的に印象深いのが、インテル時代のミラン戦(2018年10月)で決めた決勝点。一度ニアにいくと見せかけてすぐにファーに動き直してマーカーを剥がし、右からのクロスを頭で押し込んだんです! イカルディの魅力が凝縮されたゴラッソでしたね。

2019年夏に移籍したパリSGでも、入団1年目から公式戦20ゴールと変わらぬ得点力を発揮。「**俺の仕事はゴールだ。文句あるか**」って雰囲気、僕はけっこう好きです(笑)。

これはヤバイ 夫婦揃ってトラブルメーカー!

イカルディはいわば「いま最もヤバいフットボーラー」。なんと、**先輩の奥さんを寝取っ**

てしまったんです……。

サンプドリア時代の2013年、自分を弟のように可愛がってくれていた同胞の先輩マキシ・ロペスの妻**ワンダ・ナラ**と不倫関係に。しかも、2人はSNSで「愛してるよ」などと堂々とイチャつきはじめたんです。

イカルディはM・ロペスから提訴され、さらに世界中から批判の的に。あの**ディエゴ・マラドーナ**も「先輩の家に招待され、飯だけでなく妻もご馳走になったんだろ？　**最低の野郎だ**」と怒り心頭でした。でもイカルディはどこ吹く風で、レジェンドの薬物問題を引き合いに出して「誰のお手本にもならない人には言われたくない」と反撃。なんて**強心臓**でしょうか……。

イカルディは2014年5月にワンダ・ナラと結婚し、今では自身の代理人も任せています。ただ、彼女は元ショーガール&モデルで、選手マネジメントはズブの素人。さらにクラブや同僚への批判を繰り返し、イカルディは2019年2月に**インテルでキャプテンマークを剥奪されることに**。その半年後のパリSG移籍も、いわば追い出されるような恰好でしたね。夫婦揃ってかなりヤバいです！

長友佑都

Yuto NAGATOMO

生年月日	1986年9月12日(34歳)	所属クラブ	マルセイユ(フランス)
身長・体重	170cm／68kg	代表・出身	日本代表
ポジション	SB	推定年俸	10万ユーロ

なにがスゴイ?

驚異的なフィジカルは大学時代から

長友佑都は**明治大学サッカー部の同期**で、約3年間にわたって一緒にプレーしました。2010年からヨーロッパの第一線で戦い、2020年には34歳にしてチャンピオンズリーグに出場するマルセイユと契約し、そして日本代表では今も主力。友達という色眼鏡を抜きにしても、純粋にスゴいです!

大学時代から何よりも際立っていたのが、**驚異的なフィジカル**(スタミナやスピード)でした。

当時は、山を走ったあとに200メートル走を何本も繰り返すという地獄のトレーニングがあったんですが、僕も含めて誰もがヘトヘトになっている中、長友だけは平然と高強度のスプリントを続けていました。チームメイトはみんな「**化け物かよアイツ**」って言っていましたね。

モダンフットボールではSBの仕事が以前と比べて非常に多様化

驚異的なフィジカル

プロになって以降も、体幹トレーニングの導入にとどまらず、専属シェフを雇って独自の食事法なども開発。無尽蔵のスタミナの基になっている。

していて、アップダウンの頻度も急増。だから**長友のように献身的に高強度の上下動が何度もできるSBは、本当に重宝されますよね。**

チェゼーナを皮切りにインテル、ガラタサライ、そして現在のマルセイユとヨーロッパのトップレベルで10年以上も戦えているのは、この規格外のフィジカルが大きな理由の1つだと思います。

なにがスゴイ？ 1対1に強い理由は「尻」

フィジカル能力が最も効果的に活きるのが**1対1**。これも大学時代からスゴかったですね。

1対1で長友の絶対的な武器になっているのが、**「反転スピードの速さ」**です。守っている側は基本的にリアクションなので、フェイントに足が出て逆を取られることもあります。普通はその時点でジ・エンドなんですが、長友はそこから**驚異的な速さで反転**。再びボールにプレッシャーをかけられるんです。

反転を速くするためには足だけでなくお尻まで鍛える必要があるんですが、**実際に長友はお尻がめちゃ**

めちゃ固いんです！　もはや「岩」ですねあれ（笑）。身体を入れた後のブロックでも、お尻が固いと軸がブレなくて安定しますね。

この1対1の強さには本人も相当な自信を持っていて、こう言っていました。「**1対1で勝てないと思った相手は、プロになってからもいない**。パト（元ミラン）には1回ぶっちぎられたし、セネガル代表のサール（ワトフォード）もめちゃめちゃ速かったけど、2人とも対応できなくはなかった」

大学時代と比べると、**左足のクロス精度**がかなり磨かれているし、話しているとサッカーIQの向上も感じます。まだまだプロとして長く活躍してくれそうですね！

これはヤバイ

ヤバいくらいの生来のコミュ力！

みなさんがメディアなどを通じて抱く長友のイメージは、陽気、社交的、努力家、謙虚といったあたりでしょうか。僕はここで「実はこんなやつなんですよ……」と暴露の1つもしたいところですが、**すいません、素顔もそのままです（笑）**。

本当に裏表がまったくないですね。あのレベルのプレーヤーになれば奢ったりしても不思議はないですが、逆にどんどん謙虚になっているほど。マジで良いやつです。

こないだも「**俺はラテン系**」と言っていましたが、まさに言い得て妙。完全な陽キャです。大学時代から誰とでもすぐに仲良くなっていましたし、**謎のダンス**を踊ったりしていつもみんなをよく笑わせていましたね。

インテル時代には、業界きっての悪童として知られた**アントニオ・カッサーノ**（元イタリア代表ＦＷ）ともすぐに友達に。「アントニオは意外と良いやつだよ」とか言ってましたが、日本人でカッサーノと仲良くなれるのは長友だけだと思います（笑）。

新天地のマルセイユにもすぐに馴染んだようですね。日本人プレーヤーはヨーロッパで環境に溶け込めないケースも少なくないですが、長友にその心配は一切不要。**あのコミュニケーション能力は完全に天性でしょうね**。

これは ヤバイ

僕の実家が大好きすぎる！

「昨日さ、陵平の実家に泊まったんだよね、俺」

大学時代の練習後にシャワー浴びている時、長友はいきなりそう話しかけてきました。**僕の頭の中は「？？？」**。

だって、前日の僕はいつも通り寮で寝ていたんです。でも長友は1人で僕の実家に行き、飯を食って風呂に入り、そのまま泊まったそうです……。

たしかに、実家には連れて行ったことがあって、両親とも仲良くなっていました。でも、だからって、そんなことありえます？（笑）。

それからも長友は、僕の実家がなぜか大好き。**いつも息子かのごとくソファーで寛いで**

アントニオ・カッサーノ
ローマ、レアル・マドリー、ミランなどにも所属。才能あふれるファンタジスタだが、気性が荒く、トラブルが頻発した。

います。ヨーロッパに渡ってからも、帰国時にはほぼ必ず寄っていきます。2019年夏のオフにも、妻の愛梨さんと子供たちを連れて遊びに来ました。もはや僕の実家であると同時に、長友の実家でもありますね（笑）。

愛梨さんも素晴らしい方ですし、明るくてホッコリするすごく雰囲気の良い夫婦です！

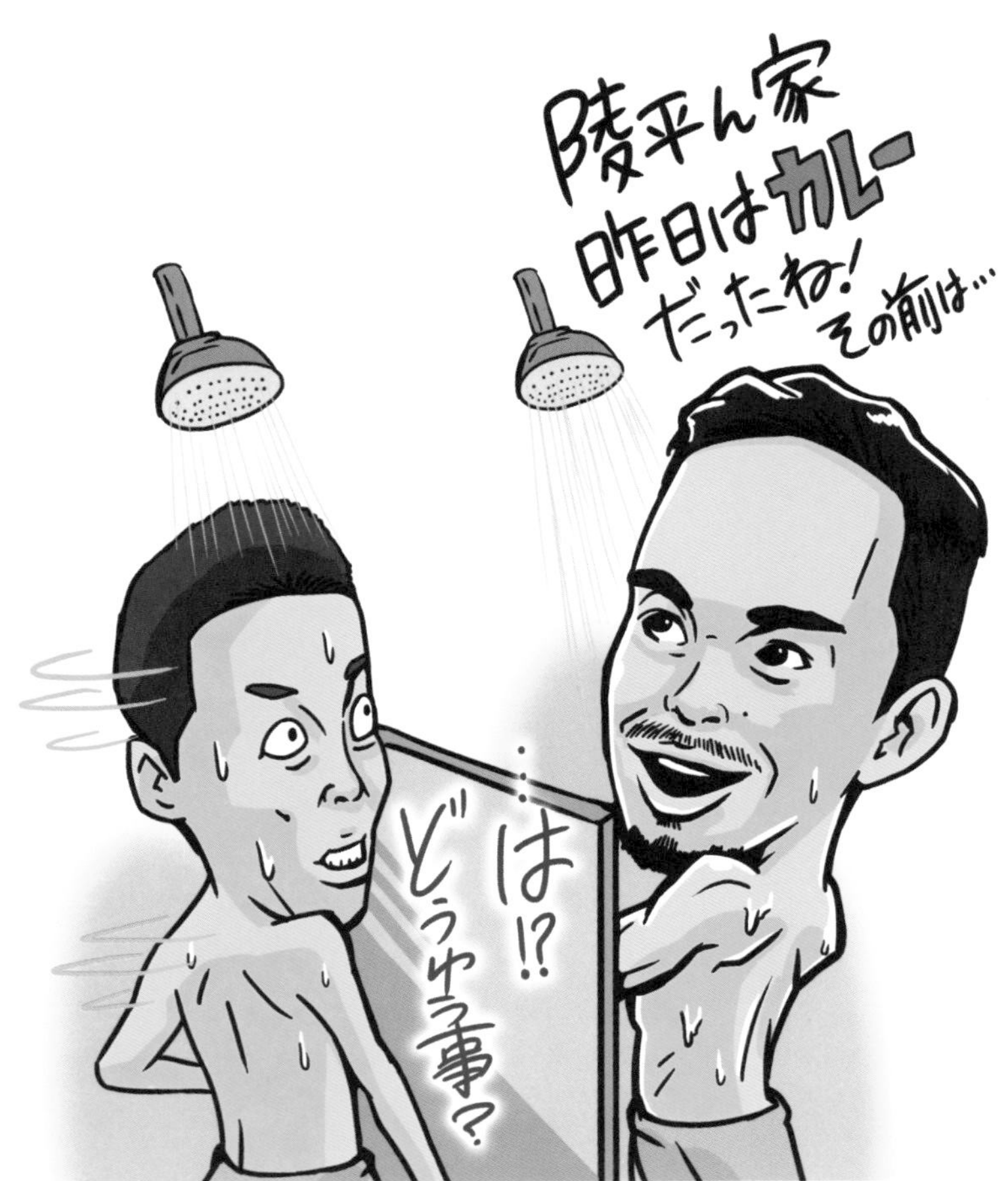

PART 6

＝レジェンド＝

ロナウド

ジネディーヌ・ジダン

パオロ・マルディーニ

デイビッド・ベッカム

ドラガン・ストイコビッチ

現代サッカーはどんどん進化していますが、
そんな今でも「ヤバイ」と語り継がれる伝説の選手達がいます。
なかでも特に個人的な思い入れが強い5名をピックアップしてご紹介します。
偉大なレジェンド達のプレーには、サッカーの醍醐味や真髄が詰まっています!

※身長・体重は現役時代のデータです

ロナウド

RONALDO

生年月日	1976年9月22日（44歳）	元所属クラブ	バルセロナ、インテル、レアル・マドリーなど
身長・体重	183cm／83kg	代表	元ブラジル代表
ポジション	CF		

爆発的なスピード、シザースやエラシコなどしなやかなフェイント、そして両足の正確無比なシュート──。ロナウドは「**フェノーメノ**（怪物／超常現象）」という愛称通りの傑出したストライカーでした。

バルセロナ、インテル、レアル・マドリー、ミランなどビッグクラブで活躍し、ブラジル代表でも2002年の日韓ワールドカップで8ゴー

ル（得点王）を挙げて母国を世界制覇に導きましたね。

伝説のゴールは数知れません。バルサ時代のコンポステーラ戦では、ハーフウェーライン付近から約60メートルをドリブルで次々と敵をかわしてシュートを決める驚愕のプレーを披露。当時のボビー・ロブソン監督は「**私の戦術はロナウドだ**」と語っていましたが、まさに戦術を超越したストライカーでしたね。

個人的にお気に入りなのが、マドリー時代のマンチェスター・ユナイテッド戦におけるゴール。プルアウェイの動きでスルーパスを引き出して、難しい角度から右足を一閃してニアを破ったんです。動き方、スピード、そしてシュートテクニックとすべてが完璧。ＦＷとしてすごく勉強になりました。

実は僕も、ヴェルディ時代のツエーゲン金沢戦（２０１９年3月9日）で似たようなゴールを決めたことがあるんです。咄嗟にあの動きができたのは、ロナウドを研究していたからだと思います（笑）。

なにがスゴイ？ ズラタンも可愛くさせちゃう大スター

「ピーク時のパフォーマンスは**歴代最高のストライカー**の名に相応しい」

ロナウドに関してはそんな声も少なくありません。たしかに、バルサ時代やインテル1年目のプレーはまさに驚愕。あのメッシも最近、「僕がこれまで見てきた中で史上最高のストライカー」と語っています。

１９９９年11月と２０００年4月に右膝靭帯を断裂してからは、さすがに少しスピードとパワーが落ちましたが、それでもロナウドは銀河系軍団時代のマドリーで活躍。一瞬の動き出しやゴールセンスはさすがでした。だから、現役選手にもロナウド・ファンがすごく多いんです。例えばベンゼマやズラタン。とくにズラタンは幼少期にロナウドのポスターを部屋に張るほど憧れていたそうで、インテル時代のミラノ・ダービーではキックオフ時に「**うわ〜、目の前にロナウドいるわ〜、ヤバすぎる**」って感じで少年のように目をキラキラさせていました。

これはヤバイ

お腹の贅肉は「ただの肥満」じゃなかった！

ロナウドはキャリアを重ねるうちにどんどん太っていった選手でした。全盛期は83キロ前後でしたが、晩年はなんと**100キロ**を超えていたと言われています！

「節制を指示されていた現役時代は、ビールを隠すためにいろんな方法を考えたよ。例えば、ガラナ（ブラジルの炭酸飲料）の缶の中にビールを入れたりとかね」

本人はそう語っているので、決して節制するタイプじゃなかったのは事実でしょう。でも、理由はそれだけではありません。引退会見では、涙ながらにこう語っています。

「ミラン時代に甲状腺機能低下症が発覚した。新陳代謝が上手くできない病気だ。**その治療のための薬はサッカー界だとドーピングに引っかかるから、使うことができなかった。**これまで僕の体重のことを嘲笑してきた人たちには、それだけは分かってほしいね。引退したのは度重なる怪我のせいだ。とくに最後の2年は耐えられれほどの痛みに襲われた」

幾度となく怪我に見舞われたうえ、さらに人知れず病気を抱えながら、伝説的なスーパーゴールを連発したロナウド。本当にスゴいストライカーでした！

バジャドリー

2000年に城彰二さんも在籍していた中堅クラブ。1部リーグと2部リーグを行き来するいわゆるエレベータークラブです。

100キロ

マドリー時代以降は「肥満」、「デブ」、「太っているほうのロナウド」（C・ロナウドとの比較）なんて揶揄されていました。

これはヤバイ

悠々自適を捨て、勝負師としてカムバック！

引退後のロナウドは、代理人業務やテレビ解説者などの仕事をする傍ら、ブラジル・ワールドカップの組織委員会理事、マドリーのグローバル大使などを務めてきました。しかし、２０１８年9月に彼は世間を驚かせます。約38億円の私財を投じて、**バジャドリー**の株式51パーセントを取得。クラブを買収したんです。２０２０年4月には保有株式を82パーセントまで増やし、現在は実質的なオーナーの座にあります。まさかクラブ運営に乗り出すなんて、ちょっと意外でしたね。

ロナウドはマドリーのフロレンティーノ・ペレス会長と今も仲が良いので、これまでにバジャドリーは**マドリーから若手数人を獲得**しています。２０２０年夏には「ロナウドが久保建英のレンタル獲得を狙う」なんてニュースも流れていましたし、今後に注目したいですね。

ジネディーヌ・ジダン

Zinedine ZIDANE

生年月日	1972年6月23日(48歳)	元所属クラブ	ボルドー、ユベントス、レアル・マドリーなど
身長・体重	185cm/80kg	代表	元フランス代表
ポジション	トップ下	指揮するクラブ	レアル・マドリー(スペイン)

なにがスゴイ?

「大柄×繊細」という異次元の存在!

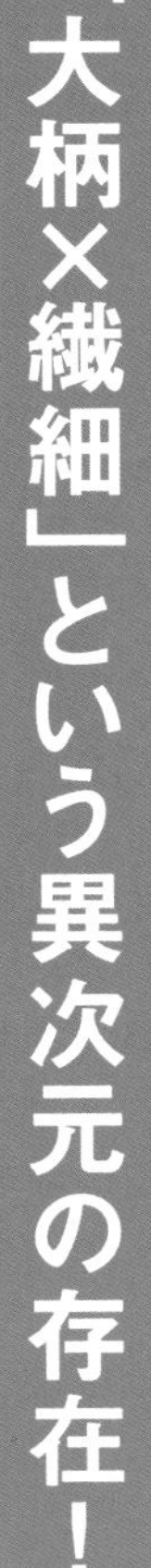

現役時代のジダンは、「**史上最高クラスの10番**」でした。繊細なボールタッチをはじめ、急所を射抜くラストパス、目を疑うようなフェイントを使うドリブル、そして正確なシュート。すべてが図抜けたレベルにありましたね。

中でもスゴかったのが、**ボールコントロール**です。普通、

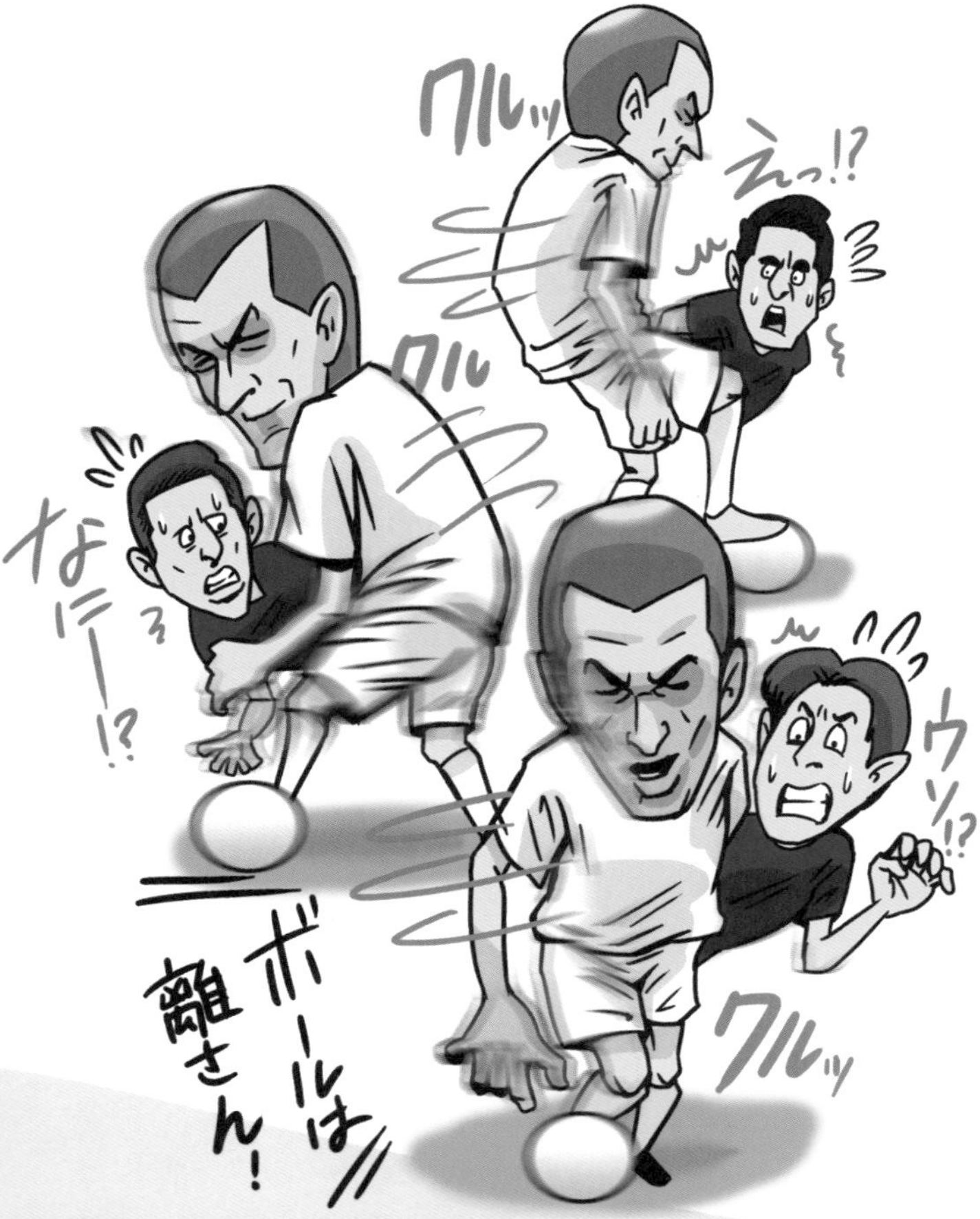

身長が185センチもあると足が長いので、いわゆるセンシビリティー（足先の感度）が少し鈍くなるものですが、ジダンはそれが超繊細。足裏でボールを転がしながら身体を一回転させて相手をかわすルーレットは、彼が発明したものではありませんが、ジダンの必殺技だったので今や**「マルセイユ・ルーレット」**（マルセイユはジダンの出身地）と呼ばれています。

その全盛期は、先にご紹介したロナウドとともに「銀河系軍団」を形成したレアル・マドリー時代。とくに伝説となっているのが、2002年の**チャンピオンズリーグ決勝におけるゴール**ですね。

あの一発には、ジダンのスゴさが凝縮されていましたよね。テクニックはもちろん、コーディネーション、自信、そして度胸。あの体勢であのボールがきても、普通は打とうと思わないですよ（笑）。本当に信じられないゴールでした。

「僕は普段、誰にもユニホーム交換をお願いしない。相手チームにアルゼンチン人がいれば、彼らとするようにはしているけどね。**でも、一度だけ『お願いします』って自分から言いに行ったことがあった。ジダンさ。**クラシコで対戦した時にね」

2017年にそう語ったのは、あのメッシです。ちょっとビックリしましたね。ズラタンも「彼は他の惑星から来た魔法使い」と絶賛しています。どのポジションの選手から見ても別格で、ヤバいと感じた選手――。それがジダンだったということですね。

CL決勝でのゴール

左サイドから上がってきた浮き球を、身体を捻りながら左足ボレーでゴール左上に突き刺しました。

なにが スゴイ?

新米監督なのに、なんと欧州3連覇！

ジダンは２００６年の引退後、テレビ解説者などを務めていましたが、２００９年にマドリー復帰。まずはアドバイザーや下部組織の責任者などを務め、２０１４年にはBチームの監督に就任しました。

そして２０１６年1月、トップチーム監督に大抜擢。経験不足を指摘する声も多かったですが、ジダンは結果で外野を黙らせます。なんと、**就任1年目からチャンピオンズリーグで優勝し、そのまま3連覇したんです！**

新米監督が世界最高峰の大会で3連覇するなんて、ちょっと考えられないことです。

しかも監督になってからのジダンは、全大会の決勝戦で勝利。とんでもない勝負強さです！

戦術的にはすごくシンプルで、必要最低限の決まりごとの中で選手の個性を活かしながら戦います。だから最大の特長は、**抜群のカリスマを活かしたマネジメント力**。基本的には全試合に出たがるC・ロナウドも、ジダンの下ではターンオーバーを受け入れていました。たしかに、あのジダンに「今日は休め。お前は3日後の大事な試合で活躍しろ」と言われたら、「分かりました！」としか答えられないですよね（笑）。

これは ヤバイ

頭突き事件の真相は「家族愛」

ジダンは人見知りで穏やかな性格で知られていますが、実は若い頃から**たまにブチギレる選手**でした。実際、プロキャリ通算だとイエローカードが83枚、レッドカードが14枚。ファウルを「するほう」ではなく「受けるほう」の選手としては、かなり多いですね。

その中で最も有名なものが、**2006年ワールドカップ決勝の「頭突き事件」**でした。自身の引退試合でもあったこの試合でジダンは延長後半5分、イタリアのDFマルコ・マテラッツィの胸元に頭突き！　もちろん退場を宣告され、フランスはPK戦の末に優勝を逃しています。

この世紀の退場劇は当初、「人種差別」が原因ではないかと言われていました。ジダンは北アフリカのベルベル人にルーツがあるので、マテラッツィがそれを揶揄したというのです。しかし、後にこの説は両者が否定しています。

2020年5月にマテラッツィは、真相をこう明かしています。

「俺たちはずっとやり合っていた。あの時は俺がユニホームを引っ張ったら、彼は『ユニホームはあとでやるから』と言ってきた。だから俺は、『**ユニホームよりもお前の姉ちゃんがほしいな**』って返したんだ」

つまりジダンは姉を侮辱されたことにブチギレて、頭突きを見舞ったわけです。世紀の天才プレーヤーにしては、何とも残念な幕切れでしたね。

パオロ・マルディーニ

Paolo MALDINI

生年月日	1968年6月26日(52歳)	元所属クラブ	ACミラン
身長・体重	186cm/85kg	代表	元イタリア代表
ポジション	左SB、CB		

なにがスゴイ?

DFなのに「絵になる選手」

マルディーニは歴代最高クラスのDFです。キャリア最盛期は**左SB**、そして晩年は**CB**を務め、そのいずれでもスーパーなパフォーマンスを披露。**両方で「超ワールドクラス」のレベル**まで達したのは、おそらく彼だけだと思います。

スタミナとスピードに恵まれ、タックル、1対1、状況判断、そしてラインコントロールと守備能力全般が傑出。さらに若い頃は攻撃力も高かったですし、**ミランとイタリア代表でキャプテンを務めた通りリーダーシップ**も素晴らしかったですね。

さらにマルディーニは、DFという地味なポジションでは珍しいことに、すごく「絵になるプレーヤー」でした。まず、顔がヤバいくらいカッコイイ! スタイルもいいですし、さらにユニホームの着方とかも絶妙。いつだって**雰囲気が最高にクール**でしたね。

2009年に引退し、2018年からはミランの強化責任者を務めています。だからセリエAの試合中継ではスタンドに座るマルディーニがたまにカメラに抜かれるんですが、今のスーツ姿も超カッコイイです。ミランの試合ではスタンドにも要注目です(笑)。

これはヤバイ

父親も息子もミランの選手!

華麗なる一族

「子供の頃は、マルディーニという名前が重荷だった」

本人はそう語っています。実は父のチェーザレ・マルディーニも、ミランとイタリア代表で活躍した名CB。だから10歳でミランの下部組織に入った当初から、「あいつは親父のコネだ」と白い目で見られていたそうです。

でも、マルディーニはそんなプレッシャーに耐えながら努力を重ね、**弱冠16歳でプロデビュー**。一気にスターダムに伸し上がりました。03年と07年にはチャンピオンズリーグで優勝していますが、実は父親も1963年に欧州制覇を経験。親子2代でキャプテンとしてチャンピオンズリーグのトロフィーを掲げたのは、**サッカー史上でこのマルディーニ家が唯一です**。とんでもないファミリーですね。

そんなマルディーニ家には、実は〝3代目〟もいます。パオロの次男で現在19歳のダニエルです。このダニエルはなかなかのタレントで、2020年2月にはミランでプロデビュー。DFだった祖父や父親と違って攻撃的MFで、やっぱりめちゃめちゃイケメンです！　すでにスター性は抜群なので、今後が楽しみですね。

デイビッド・ベッカム

David BECKHAM

生年月日	1975年5月2日（45歳）	元所属クラブ	マンチェスター・U、レアル・マドリーなど
身長・体重	180cm／74kg	代表	元イングランド代表
ポジション	右サイドハーフ、セントラルMF		

なにがスゴイ？

世界を魅了したキッカーは超努力家

右足のクロスとプレースキック（ＦＫやＣＫ）に限れば、ベッカムは歴代でも屈指の名手でした。とにかく、キックの精度が驚異的で、**クロスやＦＫは文字通りのピンポイント**。狙ったところに寸分の狂いもなく届けることができましたね。キックというのは才能以上に、何よりも積み重ねが大事。ベッカム本人もこう語っています。

「**僕の秘密は、練習だ。**ひたすら頑張って、頑張って、もっと頑張るのが、昔からの信念だ。学校から帰ると近くの公園で１人で練習していた。夜の11時くらいまでね」

あの貴公子のような風貌とは裏腹に、ベッカムは人一倍の努力家だったわけです。足が鞭のようにしなる美しすぎるキックフォームも、「**練習を重ねて完成したもの**」なんです。

伝説のゴールはたくさんありますが、個人的に印象深いのが２００１年10月のギリシャ戦（日韓ワールドカップ予選の最終戦）における直接ＦＫ弾。美しいフォーム、断トツのキック精度、そして勝負強さ――。ベッカムを象徴する、まさに伝説の一撃でした。

これはヤバイ

貴公子も、かつてはダサダサだった！

人気も凄まじかったですね。日本でもサッカー誌はもちろん、男性ファッション誌、さらには女性誌にまで登場。世界的に「**ベッカム・フィーバー**」を巻き起こしたものです。彼の全盛期に僕は中高生だったんですが、キックフォームに加えファッションや髪型も大流行。あの頃は僕も、「ベッカム・ヘア（ソフトモヒカン）」にしていたものです（笑）。

ただ、実はプロデビュー当時は**どちらかと言えばダサめで……。**大きく変わったキッカケが、後に結婚するヴィクトリアさんとの出会いでした。彼女は『スパイス・ガールズ』という女性アイドルグループの一員で、ファッションにも精通。ベッカムは彼女からオシャレのイロハを学んでいったんです。

ベッカムは2013年に引退し、2018年にはアメリカでインテル・マイアミというクラブを創設。MLS（アメリカ1部リーグ）に参戦したばかりの新興クラブですが、「ベッカム効果」は絶大でさっそく**イグアインなどの大物が加入**。さらに彼はあるインタビューで**ネイマールを勧誘**し、「いつかあなたのクラブに行きますね（笑）」なんて言わせていました。

ドラガン・ストイコビッチ

Dragan STOJKOVIĆ

生年月日	1965年3月3日（55歳）	元所属クラブ	レッドスター、マルセイユ、名古屋グランパスなど
身長・体重	175㎝／73kg	代表	元ユーゴスラビア代表
ポジション	トップ下、セカンドトップ		

伝説の「リフティング・ドリブル」

ストイコビッチは、僕が小学生の頃に憧れたアイドルでした。雑誌の写真を切り抜いて透明ケースの下敷きに入れるほど大好きで、当時は仲間から「ハヤシビッチ」という愛称で呼ばれていたほどです（笑）。

「**ピクシー（妖精）**」のニックネーム通り、テクニックに優れた優雅なアタッカーでしたが、実は「**シンプル・イズ・ベスト**」を体現する選手だったんです。技術的にはできたはずですが、派手なフェイントはほとんど使いません。相手の重心を見極めて、インサイドとアウトサイドの切り替えしだけで敵をかわすんです。今の選手だとメッシに近いですかね。

名古屋グランパスの「**雨中のリフティング・ドリブル**」は伝説ですね（1994年9月）。自陣でクリアボールを拾ったピクシーは、なんとリフティングしながら約25メートルも前進！　大雨でグラウンドの所々に水溜りができていて普通にドリブルしても失敗するはずで、だからリフティングにしたんだと思いますが、**めちゃめちゃ難易度が高いです**。あの超絶的なプレーには、ピクシーの技術と判断力が凝縮されていましたね。

これはヤバイ

監督なのに革靴で驚愕のゴール！

ストイコビッチは2001年に引退し、その7年後に監督として名古屋グランパスに復帰します。

そして、2009年10月の横浜F・マリノス戦では、「雨中のリフティング・ドリブル」にも引けを取らない伝説を残します。相手GKがタッチライン際に蹴り出したボールを、ピクシーはベンチ前でなんと右足ダイレクトシュート！　そのまま約50メートル先の敵ゴールに、**ワンバウンドで「ゴールイン」**したんです。しかも監督だからスーツ姿、そして革靴ですよ？　信じられません！

本人も誇らしげに手を挙げてサポーターの声援に応えていましたが、遅延行為および審判への侮辱行為だったとして即座に退席処分……。しっかりオチまで付けるあたり、**さすがスーパースターですよね。**

その2年後の2011年、僕は柏レイソル時代にストイコビッチと念願の初対面を果たしました。試合前に近付いて、握手してもらったんです！　あれは感無量でしたね本当に。「頑張ってJリーガーになって良かった」と心の底から思いました。いつかまたお会いしたいです！

おわりに

皆さん、最後まで読んでいただきありがとうございました。

計62人の選手と監督の「スゴイ」と「ヤバイ」は、いかがだったでしょうか？

ピッチ内外の様々な特徴やエピソードを細かく書かせていただいたので、海外サッカーが好きだった方はこれまでと違った見方ができるはずですし、あまり海外サッカーに馴染みのなかった方も観戦意欲が湧き上がっていると嬉しいです。

主に「スゴイ」でご紹介したプレー分析に関しては、試合観戦中に是非とも思い出してみてください。「あっ、あの本に書いてあった動きはこれだ！」と思っていただけるシーンが、きっとあるはずです。

それと、動画のスロー再生もすごくオススメです。

この本に限らず選手のプレー分析をする際に僕もよくやるんですが、足の動きやボールの蹴り方がすごくよく分かるんです。今回ご紹介した動きなども、より詳細に理解できると思います。

一方、「ヤバイ」に盛り込んだのは、ほとんどがトリビア的な話。だから、学生さんは部室や練習の前後、大人の方はスタジアム観戦時や飲みの席などで、是非とも知人や友達に「知ってる？ あの選手って実はさ……」と自慢してみてください！


「メッシの奥さんって、サッカーに興味ないらしいよ」

「ネイマール、実はいい奴なんだってね～」

「イブラヒモビッチは、奥さんにだけ頭が上がらないらしいよ」

「C・ロナウドって、インスタのタイアップ投稿で1回1億円くらい稼ぐらしいよ」

「エムバペのゴール・セレブレーションは、じつは弟が作ったんだよね」

などと語れれば、絶対に会話が盛り上がるはずです。こうした部分も、海外サッカーの重要な楽しみ方の一つですから。


その「海外サッカーの楽しみ方」ですが、僕は色々な形があっていいと思うんです。プレーや戦術、セレブレーションはもちろん、顔がカッコイイとか、彼女さんが可愛いとか、ユニホームや私服がオシャレとか、街が素敵とか、選手やチームに惹かれるキッカケは人それぞれ。とにかく、楽しんだもの勝ちです！

僕も２０２０年12月をもって現役を引退しましたが、もちろんこれからも海外サッカーをフォローし続けますし、何よりも楽しんでいくつもりです。

『ワールドサッカーダイジェスト』や『フットボリスタＷＥＢ』での連載も続けていく予定で、さらに他の場所でもサッカーの仕事に携わっていきたいと考えています。

その時はまた、皆さんに海外サッカーの「スゴイ話」と「ヤバイ話」をご紹介したいと思います。それでは、また会う日まで！

２０２０年12月吉日

林陵平

NICIGAS
Akatsu
Photo by J.LEAGUE/Getty Images

著者

林 陵平（はやし りょうへい）

プロサッカー選手（FW）
Ｊリーグ通算300試合出場67得点

1986年9月8日、東京生まれ。

ヴェルディ・アカデミーから明治大学を経て、2009年に東京ヴェルディとプロ契約。以降、柏レイソル、モンテディオ山形、水戸ホーリーホック、東京ヴェルディ、FC町田ゼルビア、ザスパクサツ群馬などで活躍する。柏時代にはＪ１、Ｊ２で優勝を経験し、2011年クラブワールドカップではチームをベスト４へと導く劇的なPK弾を決める。186cm／80kgの日本人離れした体格で、左足の決定力も高い。シーズン２ケタ得点を３回も記録。


愛読書は海外サッカーとＪリーグの「選手名鑑」という自他ともに認めるＪリーガー随一の「海外サッカーマニア」で、DAZNの公式戦ハイライト動画はすべてチェックする。

DAZNの海外サッカー試合中継では、現役選手にもかかわらずゲストではなく「解説者」として呼ばれるほど。

その博識を活かして『ワールドサッカーダイジェスト』や『フットボリスタWEB』など海外サッカー専門メディアでも連載をもつ。

また、海外選手のゴールセレブレーションを誰よりも早く取り入れて、Ｊリーグの試合でゴール後に披露してきた事でも知られる。

Jリーガーが海外サッカーのヤバイ話を教えます

発行日　2021年1月18日 第1刷発行

著　者　林　陵平

発行者　大山邦興
発行所　株式会社 飛鳥新社
〒101-0003
東京都千代田区一ツ橋2-4-3 光文恒産ビル
電話　03-3263-7770（営業）　03-3263-7773（編集）
http://www.asukashinsha.co.jp

編集協力　増田湊斗
ブックデザイン　清水真理子（TYPEFACE）
イラスト　ヌクイボガード
制作協力　今西 悠

印刷・製本　中央精版印刷株式会社

ISBN 978-4-86410-809-6

編集担当　三宅隆史